2018年广西哲学社会科学规划研究课题"北部湾城市群绿色金融合作模式研究"（批准号：18FJY001）

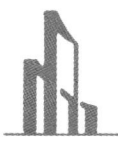

粤港澳大湾区
绿色金融合作模式研究

Research on Green Finance Cooperation Model of
Guangdong-hong kong-macao Greater Bay Area

梁 刚 著

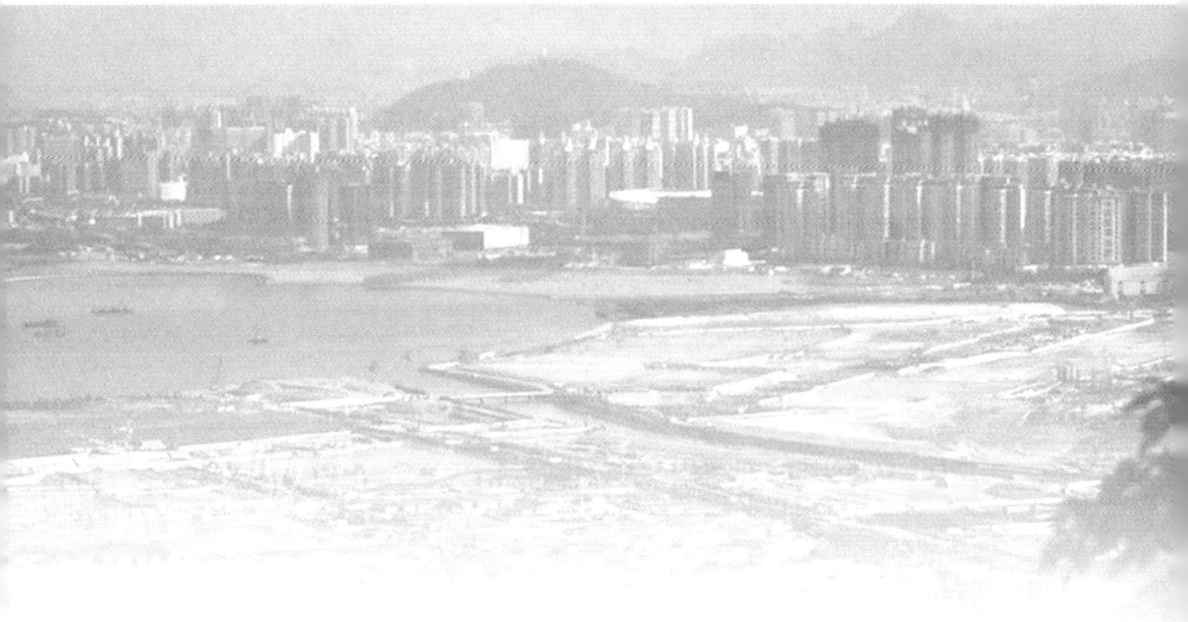

图书在版编目（CIP）数据

粤港澳大湾区绿色金融合作模式研究/梁刚著. —北京：经济管理出版社，2019.8
ISBN 978-7-5096-6765-1

Ⅰ.①粤… Ⅱ.①梁… Ⅲ.①城市群—区域金融—经济合作—研究—广东、香港、澳门 Ⅳ.①F832.765

中国版本图书馆 CIP 数据核字（2019）第 149117 号

组稿编辑：张巧梅
责任编辑：张巧梅　韩　峰
责任印制：黄章平
责任校对：陈　颖

出版发行：经济管理出版社
　　　　　（北京市海淀区北蜂窝 8 号中雅大厦 A 座 11 层　100038）
网　　　址：www.E-mp.com.cn
电　　　话：（010）51915602
印　　　刷：三河市延风印装有限公司
经　　　销：新华书店
开　　　本：720mm×1000mm/16
印　　　张：12.5
字　　　数：204 千字
版　　　次：2019 年 10 月第 1 版　2019 年 10 月第 1 次印刷
书　　　号：ISBN 978-7-5096-6765-1
定　　　价：88.00 元

·版权所有　翻印必究·
凡购本社图书，如有印装错误，由本社读者服务部负责调换。
联系地址：北京阜外月坛北小街 2 号
电话：（010）68022974　邮编：100836

序　言

绿色金融的蓬勃发展是世界大势。环境保护对于经济可持续发展具有不可或缺的支撑作用，这已是世界各个发达国家和联合国等跨国机构的共识。对于如何做好环境保护工作，传统的手段大多侧重于环保监督管理和污染末端治理，属于负向激励、善后补救的手段；而以绿色金融为代表的环保治理新手段，属于正向激励、预防为主的手段，效果更佳。今后，正向激励和负向激励手段相结合、预防为主和善后补救手段相结合，将是新时代的环境保护发展趋势。

今年2月18日，中共中央、国务院印发了《粤港澳大湾区发展规划纲要》，打造粤港澳大湾区，建设世界级城市群，是新时代中央政府的一项重大战略。建设粤港澳大湾区，有利于丰富"一国两制"实践内涵，进一步密切内地与港澳交流合作，为港澳经济社会发展以及港澳同胞到内地发展提供更多机会，保持港澳长期繁荣稳定；有利于贯彻落实新发展理念，深入推进供给侧结构性改革，加快培育发展新动能、实现创新驱动发展，为我国经济创新力和竞争力不断增强提供支撑；有利于进一步深化改革、扩大开放，建立与国际接轨的开放型经济新体制，建设高水平参与国际经济合作新平台；有利于推进"一带一路"倡议，通过区域双向开放，构筑丝绸之路经济带和21世纪海上丝绸之路对接融汇的重要支撑区。因此，研究粤港澳大湾区的建设和发展问题，无疑具有重大战略意义。

在《粤港澳大湾区发展规划纲要》中，专门提出要大力发展特色金融产业。尤其是提出，要支持香港特区打造大湾区绿色金融中心，建设国际认可的绿色债券认证机构。支持广州建设绿色金融改革创新试验区，研究设立以碳排放为首个品种的创新型期货交易所。支持澳门特区发展租赁等特色金融业务，探索与邻近地区错位发展，研究在澳门特区建立以人民币计价结算的证券市场、绿色金融平台、中葡金融服务平台。因此，大力发展绿色金融成为粤港澳大湾区建设的一项重要任务。由于粤港澳大湾区这种一个区域、四种制度的特性，发展绿色金融更需要强调合作，所以，粤港澳大湾区绿色金融合作模式的研究，就是一项具有特别重要意义的选题。

《粤港澳大湾区绿色金融合作模式研究》一书梳理了粤港澳大湾区所含的2个特别行政区和9个地级市的经济结构、产业特点，对其面临的发展瓶颈进行原因分析和对策建议，尤其侧重以绿色金融合作的思路，促进粤港澳大湾区产业进一步优化升级，走上绿色发展的道路，为我国建设生态文明示范区树立榜样。当前，有关粤港澳大湾区的绿色金融研究还不多，本书在这方面进行了很好的尝试。该书资料详实、逻辑清晰、方法科学、措施具体，是一本有价值的针对粤港澳大湾区的区域可持续发展模式研究参考读物。

黄群慧

中国社会科学院经济研究所所长，研究员

2019年8月2日

目 录

第1章 引言 ... 1

1.1 概述 ... 1
- 1.1.1 背景分析 ... 1
- 1.1.2 研究意义 ... 3
- 1.1.3 研究目的 ... 3

1.2 国内外相关研究梳理 ... 4
- 1.2.1 国外相关研究梳理 ... 4
- 1.2.2 国内相关研究梳理 ... 5
- 1.2.3 对现有研究的述评 ... 7

1.3 研究思路 ... 7
- 1.3.1 研究对象 ... 7
- 1.3.2 基本思路 ... 8
- 1.3.3 重点难点 ... 8

1.4 研究创新 ... 9
- 1.4.1 研究视角创新 ... 9
- 1.4.2 研究方法创新 ... 9
- 1.4.3 对策建议创新 ... 9

第2章 粤港澳大湾区与国内外知名湾区比较分析 ... 10

2.1 粤港澳大湾区简介 ... 10
- 2.1.1 基本情况 ... 10

  2.1.2 发展脉络 ······ 11
  2.1.3 功能定位 ······ 14
 2.2 国内知名湾区发展情况 ······ 16
  2.2.1 环渤海湾区 ······ 16
  2.2.2 环杭州湾大湾区 ······ 17
  2.2.3 胶州湾区 ······ 17
 2.3 粤港澳大湾区与国内知名湾区比较分析 ······ 18
 2.4 国际知名湾区发展情况 ······ 19
  2.4.1 美国纽约湾区 ······ 19
  2.4.2 美国旧金山湾区 ······ 20
  2.4.3 日本东京湾区 ······ 21
 2.5 粤港澳大湾区与国际知名湾区比较分析 ······ 22
  2.5.1 主要指标对比 ······ 22
  2.5.2 差距致因分析 ······ 25
  2.5.3 对粤港澳大湾区的启示 ······ 26
 2.6 本章小结 ······ 29

第3章 大湾区经济结构与产业特征 ······ 30

 3.1 "9+2"各城市经济结构分析 ······ 30
  3.1.1 各城市经济结构概述 ······ 30
  3.1.2 经济结构特点分析 ······ 43
 3.2 "9+2"各城市产业特征分析 ······ 51
  3.2.1 各城市主导产业概述 ······ 51
  3.2.2 产业特征分析 ······ 60
 3.3 "9+2"各城市发展难点 ······ 61
  3.3.1 各城市发展难点概述 ······ 61
  3.3.2 主要原因分析 ······ 69
  3.3.3 解决思路 ······ 70
 3.4 本章小结 ······ 70

目 录

第 4 章 区域环境经济协调发展的促进措施 · 71

4.1 主要促进措施介绍 · 71
4.1.1 产业政策 · 71
4.1.2 环保督察 · 72
4.1.3 绿色金融 · 75

4.2 主要促进措施比较分析 · 77

4.3 大湾区实施绿色金融合作的必要性 · 78
4.3.1 贯彻国家宏观政策的外部要求 · 78
4.3.2 产业转型升级的内在需求 · 80

4.4 绿色金融合作的实践进展 · 82
4.4.1 绿色债券实践进展 · 83
4.4.2 绿色信贷实践进展 · 89
4.4.3 绿色资本市场实践进展 · 94
4.4.4 绿色保险实践进展 · 98

4.5 本章小结 · 102

第 5 章 粤港澳大湾区绿色金融发展现状 · 103

5.1 粤港澳大湾区绿色金融合作基础 · 103
5.1.1 区域合作基础 · 103
5.1.2 各城市已有的绿色金融成果 · 107

5.2 粤港澳大湾区绿色金融面临的主要问题 · 130
5.2.1 区域绿色金融合作面临的挑战 · 130
5.2.2 各城市绿色金融发展难点 · 132

5.3 本章小结 · 133

第 6 章 粤港澳大湾区绿色金融合作模式设计 · 134

6.1 城市群内部组团比较优势分析 · 134
6.1.1 深莞惠+香港特区城市群优势分析 · 134

6.1.2 广佛肇城市群优势分析 ………………………………… 135
6.1.3 珠中江＋澳门特区城市群优势分析 ……………………… 135
6.2 绿色金融合作总体框架构想 ………………………………… 135
　6.2.1 模式分析 ………………………………………………… 135
　6.2.2 总体思路 ………………………………………………… 138
6.3 "9＋2"各城市绿色金融功能定位 ………………………… 139
　6.3.1 香港特区功能定位 ……………………………………… 139
　6.3.2 澳门特区功能定位 ……………………………………… 140
　6.3.3 广州功能定位 …………………………………………… 143
　6.3.4 深圳功能定位 …………………………………………… 145
　6.3.5 佛山功能定位 …………………………………………… 147
　6.3.6 东莞功能定位 …………………………………………… 147
　6.3.7 珠海功能定位 …………………………………………… 148
　6.3.8 中山功能定位 …………………………………………… 148
　6.3.9 惠州功能定位 …………………………………………… 148
　6.3.10 江门功能定位 …………………………………………… 149
　6.3.11 肇庆功能定位 …………………………………………… 149
6.4 绿色金融合作环境效果预测分析 …………………………… 150
　6.4.1 预测方案 ………………………………………………… 150
　6.4.2 预测模型 ………………………………………………… 150
　6.4.3 预测结果 ………………………………………………… 152
6.5 绿色金融合作实施路径分析 ………………………………… 153
　6.5.1 区域统筹路径 …………………………………………… 153
　6.5.2 政策引导路径 …………………………………………… 155
　6.5.3 市场驱动路径 …………………………………………… 155
6.6 绿色金融合作阶段发展目标 ………………………………… 156
　6.6.1 近期规划目标 …………………………………………… 156
　6.6.2 中期规划目标 …………………………………………… 157
　6.6.3 远期规划目标 …………………………………………… 157

6.7 本章小结 ……………………………………………………… 158

第7章 大湾区绿色金融合作发展措施建议 ……………………… 159

7.1 建立健全绿色金融法规政策体系 …………………………… 159
7.2 建立健全绿色金融组织机构体系 …………………………… 160
7.3 减少干预促进市场要素自由流动 …………………………… 161
  7.3.1 实现服务贸易市场一体化 …………………………… 161
  7.3.2 绿色金融资金自由融通 ……………………………… 162
  7.3.3 提高人才自由流动程度 ……………………………… 163
7.4 积极推动绿色金融跨区域合作 ……………………………… 163
  7.4.1 绿色金融信息交换共享 ……………………………… 163
  7.4.2 联合支持绿色产业项目 ……………………………… 164
  7.4.3 组建绿色金融创新联盟 ……………………………… 164
7.5 鼓励整体绿色金融服务创新 ………………………………… 165
  7.5.1 鼓励发行"绿色"债券 ……………………………… 165
  7.5.2 发行绿色证券产品 …………………………………… 166
  7.5.3 推动绿色基金PPP创新 ……………………………… 167
  7.5.4 试验绿色金融衍生产品 ……………………………… 168
  7.5.5 发行"绿色"彩票 …………………………………… 168
  7.5.6 推出绿色保险产品 …………………………………… 169
  7.5.7 推进绿色资产证券化 ………………………………… 169
  7.5.8 丰富绿色信贷产品 …………………………………… 170
  7.5.9 加快建设环境权益交易市场 ………………………… 170
7.6 "9+2"城市具体绿色金融产品设计 ………………………… 170
  7.6.1 香港特区绿色金融产品设计 ………………………… 170
  7.6.2 澳门特区绿色金融产品设计 ………………………… 172
  7.6.3 广州绿色金融产品设计 ……………………………… 174
  7.6.4 深圳绿色金融产品设计 ……………………………… 176
  7.6.5 佛山绿色金融产品设计 ……………………………… 178

7.6.6　东莞绿色金融产品设计 ……………………………………… 178

　　7.6.7　珠海绿色金融产品设计 ……………………………………… 179

　　7.6.8　中山绿色金融产品设计 ……………………………………… 180

　　7.6.9　惠州绿色金融产品设计 ……………………………………… 181

　　7.6.10　江门绿色金融产品设计 ……………………………………… 182

　　7.6.11　肇庆绿色金融产品设计 ……………………………………… 182

　7.7　本章小结 ……………………………………………………………… 183

第8章　结论 …………………………………………………………………… 184

参考文献 ………………………………………………………………………… 187

后　记 …………………………………………………………………………… 190

第1章　引言

1.1　概述

1.1.1　背景分析

湾区，从地理学的角度来讲，是由海湾及与其相连的陆地共同组成的区域，是一个自然区域的概念。从区域经济层面看，湾区因其独特的地理区位条件而具有较强的资源与产业集聚能力，由此衍生的经济效应，即为湾区经济。湾区经济的发展有规模经济效应和聚集经济的效应。自20世纪60年代以来，全球掀起滨海湾区的建设浪潮，众多湾区城市的开发建设开启了新思路，并取得了巨大成功。从世界经济版图看，全球60%的经济总量集中在入海口，国外许多海湾凭借有利的地域资源条件，打造出了经济繁荣、环境优美、文化氛围开放、交通系统便捷的国际一线城市群，如美国的纽约湾和旧金山湾、日本的东京湾等。这些国际知名湾区已成为世界500强公司和创新公司的聚焦地，是研发资源和专利密集区，也是当今全球经济发展的重要增长极、最具竞争力的创新先锋和最具吸引力的宜居生活圈。相较于国外，我国湾区建设时间启动较晚，于20世纪末正式提出，21世纪初各滨海城市陆续开始提出湾区建设，经过多年发展，我国部分湾区建设取得了一定成效，其中比较具有代表性的有渤海湾区、胶州湾区、环杭州湾大湾区等，但与世界先进湾区的建设水平相比还存在一定差距。当前，在加快"一带一路"倡议布局、打造对外开放新格局以及推动供给侧结构性改革等因素的推动下,我国建设世界级大湾区的重要性意义凸显。在2017年3月召开的十二届全国人大五次会议上,国务院总理李克强在政府工作报告中提出,要推动内地与港澳深化合作,研究制定粤港澳大湾区(以下简称"大湾区")城市群发展规划,发挥港澳独特优势,提升其在国家经济发展和对外开放中的地位与功能。自此,粤港澳大湾区正式被提升到国家议程中来。粤港澳大湾区是包括港澳在内的珠三角城市融合发展的升级版,具有良好的气候、海岸线以及森林植被等自然禀赋,拥有得天独厚的区位优势,与南海相连,与东南亚隔海相望,是世界贸易的主要海运通道,亚欧经济贸易衔接的核心点,也是海上丝绸之路的必经之路、"一带一路"倡议的战略重地。在我国构建对外开放新格局的背景下,以粤港澳大湾区为龙头,以珠江—西江经济带为腹地,辐射东南亚、南亚的重要经济支撑带应运而生,粤港澳大湾区逐渐成为我国经济发展和对外开放的重要平台。

自改革开放以来,我国经济飞速发展,然而,也付出了巨大的环境成本。当前我国环境形势依然严峻,如何处理经济发展与环境保护的关系已成为当今我国面临的紧迫问题,经济发展亟待向绿色、可持续模式转变。党的十六届三中全会提出要建设生态文明,党的十七大报告指出要把生态文明建设作为全面建设小康社会的一项重要目标,党的十八大进一步把生态文明建设作为经济发展的指导原则和行动指南,并写入党章,把生态文明建设纳入中国特色社会主义事业"五位一体"总体布局。党的十九大报告更是首次把"美丽中国"作为建设社会主义现代化强国的重要目标,并提出要坚持人与自然和谐共生的基本方略。随后党的十三届全国人大一次会议,生态文明被正式写入宪法。以习近平同志为核心的党中央把生态文明建设和环境治理提上了更加重要的战略高度,提出绿色发展理念引领中国发展。党中央、国务院明确提出转变发展方式,"既要金山银山,也要绿水青山",树立"环境就是生产力,良好的生态环境就是GDP"的理念。

科技金融、普惠金融、绿色金融是现代金融发展的三大主题。其中,绿色金融作为建设生态文明的重要抓手,近年来受到了国家前所未有的重视,发展势头迅猛。2015年12月,在中国的倡议推动下,G20绿色金融研究小组成立,开始研究如何通过绿色金融调动更多资源加快全球经济的绿色转型,推动绿色金融的国际合作。2016年8月31日，中国人民银行、财政部等七部委联合发布了《关于构建绿色金融体系的指导意见》，第一次系统性地提出了绿色金融、绿色金融体系的官方定义，并从绿色信贷、绿色投资、绿色保险、绿色基金和PPP、地方绿色金融发展、绿色金融国际合作和风险防控措施等方面提出指导性意见，标志着服务于绿色发展目标的金融供给侧结构性改革正式启动，也标志着我国成为全球首个由政府推动并发布政策明确支持"绿色金融体系"建设的国家。2016年9月4日，G20杭州峰会首次将绿色金融"中国方案"纳入G20议程，绿色金融越来越受到世界各国的高度关注。2017年6月14日召开的国务院常务会议决定，在浙江、江西、广东、贵州、新疆五省（区）选择部分地方，建设各有侧重、各具特色的绿色金融改革创新试验区，在体制机制上探索可复制、可推广的经验。当前，绿色金融已成为中国经济转型升级和可持续发展的重要因素。为达到"十三五"计划目标，中国从2015～2020年，每年至少需要在绿色项目投资3万~4万亿元，绿色金融也将迎来更好的发展机遇。

1.1.2 研究意义

由于相关规划批复时间不长，目前关于粤港澳大湾区的研究开展得还不多，而绿色金融也是一个新兴的研究领域，粤港澳大湾区的绿色金融研究更是刚刚起步。所以，本书中关于粤港澳大湾区绿色金融合作模式以及实施路径的研究成果，对于整个粤港澳区域的可持续发展具有重要的理论价值与实践参考价值。

1.1.3 研究目的

本书旨在充分发挥粤港澳地区的经济与环境协调发展优势，从战略性、全局性出发，统筹谋划粤港澳大湾区绿色金融合作的战略重点，以更好地引导和服务粤港澳大湾区经济社会发展，积极推动金融创新，支持实体经济发展，推动经济社会与环境保护深度融合发展。

1.2 国内外相关研究梳理

1.2.1 国外相关研究梳理

（1）绿色金融的内涵与外延。国际上对绿色金融的相关研究讨论发轫于20世纪90年代，1996年Mark White首先提出了环境金融（Environmental Finance）的概念，环境金融的概念与绿色金融非常相似。绿色金融（Green Finance）的概念最早于1997年提出，核心是将自然资源存量或人类经济活动造成的自然资源损耗和环境损失，通过评估测算的方法，用环境价值量或经济价值量进行计量，并运用于金融资源配置、金融活动评价领域。学者Labat和White（2002）认为，绿色金融是以市场为研究基础的金融工具，目的在于提高环境质量、转移环境风险。2003年，全球十家金融机构在美国华盛顿发布了指导投资银行和商业银行进行项目投资的"赤道原则"（Equator Principles），接受赤道原则的金融机构需要在选择投资项目时加入对企业环境和社会责任的评估。2007年Nicholas Stern受英国政府委托对与气候相关的经济问题进行了研究，进一步推动了环境问题与经济相互关系的研究，这也是绿色金融研究的重要组成部分。

（2）区域联合跨界合作的模式与特征。法国学者戈特曼（1957）将美国东北部大西洋沿岸由多个大城市组成的巨型城市群区域定义为"Megalopolis"。城市群的建立可以使得区域内各城市明确分工，实现互补，中小城市可以依靠核心城市的辐射作用获得更多的发展机会，从而使得城市群内各城市能协同发展。现代湾区经济作为最高级的经济形态，伴随着产业的不断变革、演化而成，不同时期的湾区经济具有不同的特征和驱动力。参照产业生命周期理论，根据湾区产业内容的演化和发展，湾区经济的演变过程大致可以分为发育期、成长期、成熟期和创新期四个重要时期（见图1-1）。发育期湾区经济主要的经济形态是港口贸易。成长期湾区经济的功能不再局限于港口贸易，而是扩张成为制造业中心和国际贸易中心。成熟期湾区经济的重心逐步向生产服务和商业服务领域转移。创新经济是湾区经济发展的最高级阶段，也是湾区经济持续发展的根本动力。

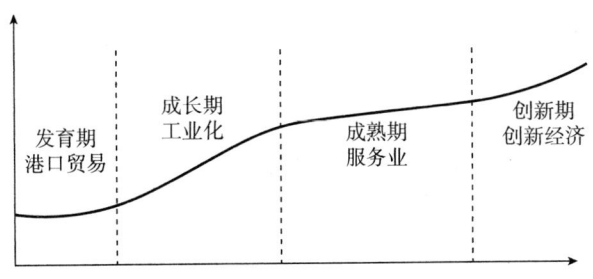

图1-1 湾区经济发展阶段

在全球化与区域主义背景下，欧洲、北美和亚洲已形成基于资源禀赋和劳动力价格等影响因素的新型联合跨界合作区域。Battersby（1998）提出，伴随各类重要区域合作协定的颁布实施，行政边界周边地区的地位得到显著提升，在区域合作框架影响下，关税的适度减免或取消有助于增加跨界贸易和减少交易成本、推动跨行政边界生产要素自由流动、形成新型边界经济增长模式。Chan R（1998）认为联合跨界合作具有边界空间地域尺度和边界经济空间重界定的作用。Karppi（2001）提出，行政边界的渗透效应逐渐强化，区域内部各地区间相对平衡是联合跨界合作的重要影响因素。

（3）环境影响评价研究的发展趋势。1969年，美国通过《国家环境政策法》使其成为世界上第一个把环境影响评价（Environmental Impact Assessment，EIA）用法律固定下来的国家。1992年联合国环境与发展大会通过的《里约环境与发展宣言》和《21世纪议程》中都有关于环境影响评价的内容。1994年，加拿大环境评价办公室（FERO）和国际影响评价学会（IAIA）联合组织并召开了第一届国际环境影响评价部长会议。Kimothi（1996）研究表明，评价的范围由单纯考虑对自然因素的影响发展到包括社会影响和经济影响在内的全面环境影响。经过60多年的发展，现已有100多个国家建立了环境影响评价制度。

1.2.2 国内相关研究梳理

（1）绿色金融的内涵与外延。我国面临日益严峻的资源和环境约束，发展绿色金融是促进我国经济结构转型、推动经济可持续发展的必然选择。张伟等（2009）认为环境金融必须突破狭义环境的束缚，它是针对环境保护，为推动环境友好型产业发展而开展的投融资活动。彭绪庶（2017）通过理论分析的方法研究了绿色经济的快速进步对于绿色创新的实现机理，也从实践的角度将国内的绿色发展技术与国外的进行结合分析与对比，探究绿色金融发展对绿色转型和绿色发展的创新机制。

（2）区域联合跨界合作的模式与特征。湾区城市推动型产业的快速增长，使生产规模不断扩大，规模经济效益降低了企业的生产成本，使企业获得了更低的商品价格，从而带动相关产业进一步发展并向湾区这一核心地域集中，使得湾区城市的发展呈现欣欣向荣的局面。我国拥有世界上最长的海岸线，面积大于10平方公里的海湾有150多个（刘艳霞，2014）。罗小龙、沈建法（2006）研究发现江阴经济开发区和深汕产业合作区等新型城市间合作共建工业区和开发区现象，有效缓解了城市的资源紧缺问题，促进了行政管理权力和资源在合作城市之间的转移。虞锡君（2008）认为，跨界管理机制创新、跨界生态补偿和联合执法机制的确定为跨界环境保护合作奠定了基础。朱惠斌、李贵才（2015）研究提出，单一的联合跨界合作模式已无法适应地区发展需求，联合跨界合作推动进程中，强化辐射和扩大受益面，探索财税利益协调机制，追求规划衔接和整合效率、强化配套、明确定位和建立协调机制均对跨界合作发展起到了重要的推动作用。对于现代湾区经济而言，庞大的经济规模、先进的产业体系、全球化的资源配置能力、开放自由的市场环境、多元包容的文化氛围、发达的现代交通网络、现代化的都市形态共同构成了发展的核心内涵。经济后盾、城市等级、港口资源、交通设施、绿色节能、生活配套、人文氛围是助推湾区经济发展的基本要素。

（3）环境影响评价研究的发展趋势。蔡艳荣（2004）提出，环境影响评价是对建设活动选址行为、实现活动行为及活动结束后遗留的环境影响进行分析、评估和预测的方法。赵艳博（2008）等研究认为，环境影响评价方法已由各种单一型方法发展到以适应性方法为代表的综合性方法，并且广泛应用了计算机模拟和系统控制理论，从而使环境影响评价可以更加客观地反映现实情况。近年来，我国规划部门与环境评价部门的联系与合作大大加强，环境评价、规划、管理日渐成为一个系统化的整体。环境影响评价纳入跨区域发展整体规划已是大势所趋。

1.2.3 对现有研究的述评

从上述国内外相关研究的梳理情况来看，研究动态有三个方面：

（1）国内外绿色金融的研究已经超越初期的应用经济学研究领域，成为一种综合性研究议题，得到了社会学、管理学、政治学、环境学和生态学等自然学科的广泛关注。目前我国经济金融研究与生态环保研究各自为战，很少结合在一起，这是建设生态文明、美丽中国亟须突破的理论研究瓶颈。

（2）绿色金融在区域协同发展等方面的研究已经成为经济研究的一个重要分支，国内外关于绿色金融发展方式的讨论在不断增多，越来越多的学者注意到对绿色金融的研究应当跳出金融单方面的管制思维，代之以一种环保、生态、金融、管理等多方主体参与的综合治理思维。

（3）国外知名大湾区的协同治理，都很重视绿色金融相关领域的合作，但我国学界目前对此议题的切入在研究对象、研究概念和研究方法上还缺乏新的开拓。跨区域协调发展离不开绿色金融的协调发展，绿色金融是平衡经济发展与环境保护的有效手段。

1.3 研究思路

1.3.1 研究对象

主要探讨粤港澳大湾区的绿色金融协同发展问题。具体研究区域包括香港特别行政区、澳门特别行政区和广东省的广州市、深圳市、珠海市、佛山市、惠州市、东莞市、中山市、江门市、肇庆市。

1.3.2 基本思路

首先,在系统整理绿色金融已有研究成果和借鉴成功经验的基础上,组织团队现场考察调研,对粤港澳绿色金融机构绿色金融业务推进效果和阻碍因素进行实证分析,结合现场考察调研结果,找出当前粤港澳绿色金融合作面临的主要困难及深层次原因;其次,系统梳理国内外典型湾区城市群发展路径,以促进经济与环境保护协调发展为着眼点,借鉴国际上发达国家典型湾区城市群的绿色金融实施经验,同时总结国内绿色金融试点省区已有举措的有效性及面临的共性问题;最后,统筹规划粤港澳大湾区绿色金融工作的战略重点,提出环境经济综合效益最优的合作方案,提出粤港澳大湾区绿色金融合作模式、实施方案与实施路径。

1.3.3 重点难点

本书的研究重点主要有两个方面:第一,对粤港澳大湾区绿色金融的发展历程和现状特征进行归纳,分析粤港澳大湾区绿色金融合作中现存问题的内在原因;第二,提出粤港澳大湾区绿色金融的协调发展合作模式,并研究如何配套有针对性的、可操作性强的具体合作项目类型,以及适宜的实施路径。

研究难点主要有三个方面:第一,如何将环境学的研究方法与经济学的研究方法有机结合起来;第二,在"一国两制、三种货币、三种金融体制"的特殊条件下推进粤港澳大湾区绿色金融合作,是一项复杂艰巨的系统工程,没有现成的模式可以参考,所以研究难点在于如何设计一套针对性强的、可操作性强的合作模式;第三,区内各城市之间的无序竞争加剧制约了合作的有效开展,香港特区、广州市、深圳市都有成为区域中心金融城市的愿望和潜力,主要城市之间的实力较为接近故难以确定核心城市,所以研究难点在于如何发现各城市的比较优势,以及如何制定各个城市差异化发展的策略。

1.4 研究创新

1.4.1 研究视角创新

本书从经济学和环境学相结合的研究视角切入，展开对粤港澳大湾区绿色金融协同发展的理论研究和实证研究，不仅拓展了经济学和环境学的研究对象和研究领域，而且将经济学和环境学的相关理论视角引入到绿色金融的研究，并应用到国务院颁布的粤港澳大湾区协调发展规划研究中。

1.4.2 研究方法创新

本书综合运用理论研究、比较研究、案例研究、深度访谈、问卷调查等方法，力求做到理论研究、政策研究与扎实的田野工作的有机结合。在经济学预测方法的基础上，创新性地引入了环境影响评价的有关数学模型，对不同城市群绿色功能组合模式的环境影响给出定量预测数据，计算不同合作模式下的区域环境影响，在此基础上得出环境经济综合效益最优的合作方案。经济学、环境学研究方法和预测模型的结合，是将社会科学与自然科学研究方法有效融合的创新性尝试。

1.4.3 对策建议创新

本书在粤港澳大湾区发展规划中，首先提出了一系列创新性的对策建议，并首次提出了粤港澳大湾区绿色金融合作模式应当遵循的"十六字方针"，以及实施路径应当遵循的"十二字方针"。这些对策建议对于解决目前粤港澳大湾区各城市发展的同质化乃至恶性竞争问题有重要的参考价值。

第2章 粤港澳大湾区与国内外知名湾区比较分析

本章首先介绍了粤港澳大湾区的基本情况、发展脉络和功能定位,以及国内其他知名湾区的发展情况。然后以世界三大知名湾区为例,系统梳理三大湾区的基本特征、发展路径,归纳总结其打造优质社会和自然环境的实践经验,再通过湾区之间的比较分析,为粤港澳大湾区的发展建设提供参考和借鉴。

2.1 粤港澳大湾区简介

2.1.1 基本情况

粤港澳大湾区(Guangdong – Hong Kong – Macao Greater Bay Area),包括香港特别行政区、澳门特别行政区和广东省的广州市、深圳市、珠海市、佛山市、惠州市、东莞市、中山市、江门市、肇庆市,总面积5.6万平方公里,截至2017年末总人口约7000万人,是我国开放程度最高、经济活力最强的区域之一,在国家发展大局中具有重要战略地位。建设粤港澳大湾区,既是新时代推动形成全面开放新格局的新尝试,也是推动"一国两制"事业发展的新实践。粤港澳大湾区地处我国南端,具有良好的气候、海岸线以及森林植被等自然禀赋,拥有得天独厚的区位优势,是世界贸易的主要海运通道、亚欧经济贸易衔接的核心点,也是"一带一路"倡议中海上丝绸之路的重要节点,是国家建设世界级城市群和参与全球竞争的重要空间载体。

经过改革开放40年的合作发展,粤港澳大湾区城市群已成为中国开放程度最高、经济活力最强的区域之一。2016年粤港澳大湾区的生产总值为9.2万亿人民币,已接近世界第六大经济体的规模。区域交通便捷,处于"丝绸之路经济带"和"21世纪海上丝绸之路"的交汇地带,拥有世界上最大的海港群、空港群以及便捷的交通网络,港口集装箱年吞吐量超过6500万标箱,机场旅客年吞吐量达1.75亿人次,湾区内的九个内地城市2015年利用外资额约256亿美元,占全国利用外资总额的1/5,是国家对外贸易的重要门户。

粤港澳大湾区的区域产业结构以先进制造业和现代服务业为主,并正向中高级迈进,港澳地区服务业高度发达,服务业增加值占GDP的比例均在90%左右;珠三角九个城市制造业基础雄厚,已形成先进制造业和现代服务业双轮驱动的产业体系。

2.1.2 发展脉络

建设粤港澳大湾区重大战略的提出,经历了一个不断发展深化的过程,大致有以下几个关键节点:

2003年以前,为地方性合作阶段。粤港澳城市之间的合作基本上都是由各自地方政府自行安排,处于相对松散和起步阶段。

2003~2008年,为上升至国家战略层面合作阶段。2003起,粤港澳合作开始步入国家层面主导作出制度安排的阶段。特别是2003年《内地与香港关于建立更紧密经贸关系的安排》(CEPA)的正式签署和2008年《珠江三角洲地区改革发展规划纲要(2008—2020年)》的提出,加强了与港澳的协调合作,支持共同规划实施环珠江口地区的"湾区"重点行动计划,标志着粤港澳合作正式迈上国家制度安排层面。

2009~2015年,为紧密合作阶段。2010年4月7日,广东省人民政府和香港特别行政区政府共同签署《粤港合作框架协议》,提出"环珠江口宜居湾区建设重点行动计划"。

2015年,为继续深化阶段。2015年3月28日,国家发展改革委、外交部、商务部联合发布《推动共建丝绸之路经济带和21世纪海上丝绸之路的愿景与行动》,首次在国家战略层面提出要"深化与港澳台合作,打造粤港澳大湾区"。

2015年6月3日，广东省人民政府公布《广东省参与建设"一带一路"的实施方案》，提出"打造世界一流粤港澳大湾区，以建设国际金融贸易中心、科技创新中心、交通航运中心、文化交流中心和粤港澳大湾区物流枢纽为抓手"。11月，中共广东省委十一届五次全会提出了"粤港澳大湾区"。12月2日，《中共广东省委关于制定国民经济和社会发展第十三个五年规划的建议》提出，要打造粤港澳大湾区，形成最具发展空间和增长潜力的世界级经济区域。

2016年至今，为拓展升级阶段。2016年3月3日，国务院颁布《关于深化泛珠三角区域合作的指导意见》（国发〔2016〕18号），明确提出要"携手港澳共同打造粤港澳大湾区，建设世界级城市群"。3月16日，第十二届全国人民代表大会第四次会议批准发布的《中华人民共和国国民经济和社会发展第十三个五年规划纲要》提出"支持港澳在泛珠三角区域合作中发挥重要作用，推动粤港澳大湾区和跨省区重大合作平台建设"，再次提出推动粤港澳大湾区建设，这标志着中国湾区经济发展的新时代正在到来。

2016年4月22日，广东省人民政府办公厅发布的《实施珠三角规划纲要2016年重点工作任务》提出"编制粤港澳大湾区发展规划。创新粤港澳合作机制，加快建设深圳前海、广州南沙、珠海横琴等粤港澳合作平台"。5月9日，广东省政府印发《广东省国民经济和社会发展第十三个五年规划纲要》提出"创新粤港澳合作机制，打造粤港澳大湾区，形成最具发展空间和增长潜力的世界级经济区域"。11月27日，国家发展改革委办公厅印发的《关于加快城市群规划编制工作的通知》（发改办规划〔2016〕2526号）提出，"2017年拟启动珠三角湾区城市群、海峡西岸城市群、关中平原城市群、兰州—西宁城市群、呼包鄂榆城市群等跨省域城市群规划编制。"

2016年广东省政府工作报告曾提出，"开展珠三角城市升级行动，联手港澳打造粤港澳大湾区"。2017年4月7日，国家发改委制定印发《2017年国家级新区体制机制创新工作要点》；2017年4月11日，总理李克强会见香港特区行政长官林郑月娥时谈到中央政府要研究制定粤港澳大湾区发展规划。可见，未来粤港澳三地协同合作将达到新高度，粤港澳大湾区将成为提升珠三角区域整体国际竞争力的引擎，并有望成为世界一流城市群湾区。

2017年"两会"上李克强总理的政府工作报告提出要"研究制定粤港澳大

湾区城市群发展规划",此时的粤港澳区域发展已经上升为国家战略,媲美世界三大湾区纽约湾区、旧金山湾区以及东京湾区的第四大湾区——粤港澳大湾区作为中国经济新引擎受到世界瞩目。粤港澳大湾区城市群的提出,应该说是包括港澳在内的珠三角城市融合发展的升级版,从过去30多年前店后厂的经贸格局,升级成为先进制造业和现代服务业有机融合最重要的示范区;从区域经济合作,上升到全方位对外开放的国家战略;这为粤港澳城市群未来的发展带来了新机遇,也赋予了新使命。从粤港澳合作到大湾区建设,从点状合作走向片区共生发展,珠江口区域发展找到了新支点、新平台,有抓手,有样板,有标杆,将带来更多产业互补、发展共融。

2017年广东省政府工作报告提出"广东要携手港澳推进珠三角世界级城市群和粤港澳大湾区建设"。与此同时,也被写入了深圳、佛山、珠海、东莞等多个地市的党代会报告和政府工作报告中。

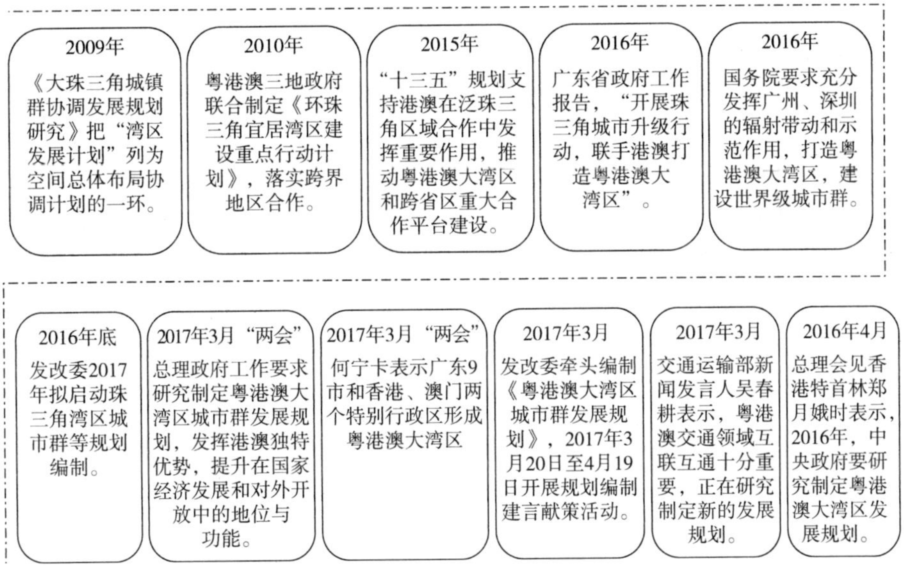

图 2-1 粤港澳大湾区规划大事记

2019年2月18日,中共中央、国务院印发了《粤港澳大湾区发展规划纲要》并发出通知,要求各地区各部门结合实际认真贯彻落实。

2.1.3 功能定位

粤港澳大湾区可以说是目前国内最具发展活力和潜力的区域之一，有望形成我国经济发展的新增长极，并提升港澳在国家经济发展和对外开放中的地位与功能。从经济方面考量，粤港澳大湾区对外开放程度高、创新型经济基础雄厚、自然生态较国内其他城市优越。从地理位置上看，粤港澳大湾区具有海洋经济特征，其海港和空港连动通道效应还需加强，未来还要考虑如何深化实施国家"一带一路"倡议。从产业协同来看，广州、深圳这两座龙头引擎城市，地区生产总值（GDP）有望在2017年双双突破2万亿元大关。地区GDP超过2万亿元之后，创新体系要进一步实施深化的产业协同合作，成果转化要便捷流通，人才交流要高效，带动周边的广阔腹地共同发展。

从战略意义上，粤港澳大湾区肩负着国家区域发展、经济转型升级和推动对外开放的多重重要使命。第一，在"一带一路"倡议的背景下，粤港澳大湾区是国家继"京津冀协同发展""长江经济带"之后又一大区域发展战略新布局。过去的发展经验表明，港澳因素以及粤港澳合作是撬动广东改革开放的一大杠杆，也是加快广东经济发展的助推器。如今大湾区城市群的提出，是包括港澳在内的珠三角城市融合发展的升级版，为粤港澳城市群未来的发展带来了新机遇。第二，粤港澳大湾区具有较好的产业基础和创新环境，有望成为我国整体转型发展的新动力。目前中国经济发展正面临国际国内的双重压力和挑战，亟须培养新的增长极和动力源。粤港澳大湾区内部产业体系完备，既有强大的制造业发展优势，也有以深圳为核心的高新技术产业集群，同时具备香港特区、澳门特区两大先进的服务业中心，优势互补协同发展，利于培育具有世界级竞争力的创新中心，为中国引领新一轮创新发展和新型全球化提供重要的空间载体。第三，粤港澳大湾区具有得天独厚的地理优势和"一国两制"的制度优势，是国家提升对外开放的新门户。粤港澳大湾区拥有香港港、深圳港和广州港三个全球十大港口，内联中部城市群、北部湾经济区和海峡西岸经济区，外通东南亚、中东和欧洲等"一带一路"沿线国家，区位优势突出，在"一带一路"建设中将发挥内外联动、海陆统筹的重要支点和枢纽作用。大湾区城市群的崛起，将进一步提升我国对外开放水平，有望成为推动我国经济全球化的中坚力量。自2008年以来，粤港澳地区政策不断出台，从2008年广东省发布《珠江三角洲地区改革发展规划纲要（2008—2020年)》到2017年粤港澳大湾区城市群首次被写入中央政府工作报告，在市场发展与政策助力下粤港澳地区实现了长足发展。

2017年中央政府工作报告正式提出研究制定粤港澳大湾区城市群发展规划，标志着继京津冀、长江经济带之后，粤港澳大湾区正式成为一个国家战略。同为国家级区域战略，三地的功能定位各不同，京津冀一体化重"疏通"，2015年4月《京津冀协同发展规划纲要》提出京津冀核心是有序疏解北京非首都功能。长江经济带重"保护、转型、城镇化"，2016年9月《长江经济带发展规划纲要》提出大力保护长江生态环境、加快构建综合立体交通走廊、创新驱动产业转型升级、积极推进新型城镇化。而粤港澳大湾区重"对外开放"，2017年中央政府工作报告提出发挥港澳独特优势，提升在国家经济发展和对外开放中的地位与功能。与京津冀及长江经济带相比，粤港澳市场化程度更高，民营经济更为活跃，环境更为宜居。

粤港澳大湾区对国家经济发展既重要也具战略意义。粤港澳大湾区发展规划目标是到2020年基本确立世界级城市群的框架，到2030年经济总量达到4.62万亿美元，超越东京湾区和纽约湾区，成为全球经济总量第一的湾区。从发展定位来看，我国粤港澳大湾区未来将与旧金山湾区、东京湾区和纽约湾区等国际一流湾区比肩，成为世界一流的创新经济城市群。

2019年最新发布的《粤港澳大湾区发展规划纲要》（以下简称《规划纲要》），是新时代推动形成全面开放新格局的新尝试，《规划纲要》的编制主要作了四个方面的考虑：

一是从国家发展大局出发，明确大湾区的战略定位。粤港澳大湾区在全国改革开放和现代化建设中具有重要地位。我们始终坚持全球视野和全局站位，研究提出五大战略定位，进一步发挥大湾区在国家改革开放中的支撑引领作用，更好地服务于国家战略需要。

二是坚持"一国两制"方针，促进港澳长期繁荣稳定。《规划纲要》编制突出贯彻落实"一国两制"，严格依照宪法和基本法办事，着眼于推动粤港澳协同发展，拓展港澳发展空间，丰富"一国两制"新实践。

三是发挥粤港澳比较优势，增强区域的国际竞争力。《规划纲要》强调善用

"两制"之利,让体制的活力、市场的动力更加迸发出来,增强粤港澳大湾区的核心竞争力。

四是深化改革,发挥市场在资源配置中的决定性作用。《规划纲要》突出创新的关键性作用,着眼破解制约合作发展的体制机制障碍,力争在一些重大改革上先行先试,运用市场化法治化办法解决大湾区发展中遇到的问题。

以上概括起来,《规划纲要》的主要内容就是"一个中心,一个愿景,七大重点,四项措施"。"一个中心",就是支持港澳融入国家发展大局。"一个愿景",就是建设富有活力和国际竞争力的一流湾区,成为扎实推进高质量发展的示范。"七大重点",就是明确了建设国际科技创新中心、加快基础设施互联互通等七个重点领域。"四项措施",就是加强组织领导、推动重点工作、防范化解风险、扩大社会参与。

2.2 国内知名湾区发展情况

2.2.1 环渤海湾区

渤海湾北起河北省大清河口,南至山东省黄河口,内有蓟运河、海河等河流联通内陆,与山东莱州湾和辽东湾相连,形成了以京津冀为核心,以辽东半岛和山东半岛沿海城市为两翼的环渤海城市群和港口群,主要包括北京、天津、河北、山东、辽宁三省两市,区域总面积达51.8万平方公里。

环渤海湾区带动辐射包括山西省、内蒙古自治区等地在内的内陆地区,为我国北方沿海和内陆的社会经济发展服务,是我国重要的农业、重化工业、加工制造业、现代服务业基地,目前钢铁、石化、船舶制造等产业处于全国领先地位,电子、电子信息、金融商务、文化创意、现代旅游等新兴产业也处在蓬勃发展时期,区域产业分工体系基本建立。仅以湾区京津冀核心区为边界,2016年常住人口达1.12亿,GDP达7.46万亿元,分别约占全国的7.92%和10.03%。以环渤海湾区"三省两市"的行政区域为边界,2016年常住人口高达2.2亿,GDP

达16.37万亿元,分别约占全国的16.27%和21.99%。由此可看出,环渤海湾区的人口及经济体量巨大,对我国北方的社会经济发展具有重要战略作用。

2.2.2 环杭州湾大湾区

环杭州湾大湾区是以上海为龙头,包括浙江省的杭州、宁波、绍兴、嘉兴、湖州和舟山六市的长江三角洲核心区域,陆域面积近5.17万平方公里,占长江三角洲区域面积的25%。

2016年环杭州湾大湾区GDP为5.97万亿元,常住人口为5499.5万,分别约占全国的8%和4%(浙江省统计局,2017),是长三角区域乃至全国的重要经济支柱。2016年上海GDP超过1万美元,位居全国第三,浙江六市的人均GDP占据浙江省前六名,其中以杭州和宁波为代表,经济实力更是长期位居全国前20位。2016年湾区三产占比为2∶38∶60(上海统计局和浙江省统计局数据),第一与第二产业比重有不同幅度下降,第三产业比重迅速上升,其中以金融业和信息技术服务业为主导的现代服务业成为重要驱动力量,尤其是以互联网技术为主导的现代信息技术与管理产业发展迅速,现代服务业已成为引领湾区经济增长新引擎,增速居全国前列。

2.2.3 胶州湾区

胶州湾位于中国黄海中部、胶东半岛南岸,是山东省青岛市境内的半封闭海湾,湾内南北向最大长度约40公里,东西向最大宽度约28公里,面积近500平方公里。目前胶州湾全境由青岛市管辖,沿岸政区按逆时针方向依次为市南区、市北区、李沧区、城阳区、胶州市、黄岛区(开发区)。

自2007年青岛市开始建设环胶州湾城市圈,随着"三城联动""环湾保护、拥湾发展"发展战略的提出,以胶州湾为核心,通过东岸、西岸、北岸三大主城区建设,环胶州湾沿岸逐步形成功能互补、相互依托、各具特色的大青岛都市区,也成为青岛发展的新核心区。目前,环胶州湾区已初步形成新兴产业聚集发展格局,其中以高新区胶州湾北部园区(红岛经济区)和西海岸新区为代表,在软件信息、智能制造、生物医药、石墨烯等方面形成先发优势,建设特色产业园区,在"十二五"时期已落户重点产业化项目300余个,成为青岛战略性新兴产业发展的核心引擎区。青岛正进入由"滨海城市"向"海湾城市"跨越发展的全新时代,通过环绕胶州湾打造一个开放、蓬勃、生态、高端的国际海湾城市。

2.3 粤港澳大湾区与国内知名湾区比较分析

根据资料整理,从占地面积、人口规模、经济总量、人均GDP、港口集装箱吞吐量、第三产业比重、城市生态环境质量指数、大气和水污染等基本指标进行简要比较如下。

表2-1 2016年粤港澳大湾区与国内湾区对比分析

指标	国内湾区			
	粤港澳大湾区	环渤海湾区	胶州湾区	环杭州湾大湾区
人口(万人)	6696	23000	920	5500
占地面积(万 km^2)	5.59	51.80	1.23	5.17
GDP(千亿美元)	14.15	25.18	1.54	9.18
人均GDP(万美元)	2.11	1.10	1.68	1.67
港口集装箱吞吐量(万TEU)	6520	5805	1734	5776
第三产业比重(%)	65	53	55	60
PM2.5浓度(微克/立方米)	30	65	45	42
地表水黑臭水体占比(%)	8.90	23.80	29.70	13.00
城市生态环境质量指数EI	良好	一般	一般	良好

总体而言,与国内其他几个知名湾区相比,粤港澳大湾区在生态环境治理与保护工作开展上起步早,绿色金融相关工作也走在了前列,第三产业占比、资源能源利用效率也在不断提升,均处于国内先进水平,与国内环渤海湾区、环杭州湾大湾区、胶州湾区等知名湾区相比均占据优势。

2.4 国际知名湾区发展情况

2.4.1 美国纽约湾区

纽约湾区,又称为纽约大都市区,地处美国东北部大西洋西岸,以纽约市为中心,由纽约州东南部、康涅狄格州西南部、新泽西州北部等31个县联合组成,面积约为美国总面积的0.25%。从19世纪80年代起,纽约湾区开始逐步发展,目前已成为国际金融中心和航运中心,纽约港也成为了美国第一大商港。

纽约湾区因其发达的金融和制造业、便利的交通、整体水平极高的教育和环境成为美国甚至全球最有吸引力的地区之一。2015年纽约湾区GDP近1.5万亿美元(Statista, 2017),约占全美GDP总量的8.6%,第三产业占比超过了90%。湾区人口达到2285万(PRA, 2016),约占全美总人口的7%,人均GDP约为6.5万美元,城市化水平达到90%以上,制造业产值占全美的30%以上,被视为国际湾区之首。

纽约湾区内各城市根据自身产业基础差异化发展,构筑牢固合理的产业链,形成了以金融服务业为主导,二、三产业多样化发展的产业结构体系。纽约湾区城市群是美国经济的核心地带,湾区各城市分工明确,形成了以曼哈顿地区、康涅狄格州(简称"康州")与新泽西州分别为中心错位发展的良好格局。

纽约市作为湾区的核心城市,是世界经济以及国际金融的中枢。纽约市的曼哈顿地区位于纽约州东南部哈德逊河口,临大西洋,是纽约湾区的核心,总面积57.91平方公里,以金融商务服务业为主导产业,是纽约市五个区中面积最小却是经济最发达的区域,全球银行、保险公司、交易所及大公司总部云集。面积不足一平方公里的曼哈顿华尔街金融区,集中了百老汇、华尔街、帝国大厦、格林威治村、中央公园、联合国总部、大都会艺术博物馆、第五大道等标志性建筑,拥有3000多家银行、保险公司、交易所等金融机构,是世界上就业密度最高的城市,也是公交系统最繁忙的城市,每日旅客量近3000万人次。

康州地区位于纽约湾区东北部,为美国传统工业重镇,制造业历史悠久,种类多样,是全美最重要的制造业中心之一。该州军事工业发达,素有"美国兵工厂"之称,曾诞生出美国的第一艘潜水艇和第一架直升机,在金属制造、电子及塑料工艺等方面也处于技术领先水平,吸引了大量企业来此投资。此外,全球对冲基金之都格林尼治(174平方公里内汇集50余家顶级对冲基金)也坐落于此,体现了康州地区不俗的金融地位。康州是美国较为富裕的地区之一,多年以来人均GDP位居美国各州排名前列。

新泽西州位于纽约湾区西北部,制药业非常发达,在全美名列第一,拥有世界上最大的21家制药和医疗技术公司总部或中心,销售额约占全球制药业销售总额的一半,以及各类制药企业270余家,生产的药品占全美的25%。此外,依托普林斯顿大学和贝尔实验室等高端人才和技术支撑,该州在高科技研发方面也具备领先优势。

2.4.2 美国旧金山湾区

旧金山湾区(San Francisco Bay Area)地处加州北部、太平洋东岸,位于沙加缅度河下游出海口的旧金山湾四周,包括9个县和百余个大小城镇,可分为旧金山市、北湾、东湾、南湾和半岛五个区域。旧金山湾区是全球最重要的高科技研发中心之一,拥有全美第二多的世界500强企业(仅次于纽约湾区),包括谷歌、苹果、脸书等互联网巨头和特斯拉等创新科技企业,科技经济占比超过了区域GDP的50%。2016年旧金山湾区总GDP高达8209亿美元,超越纽约,仅次于世界上18个国家(CSAC,2017)。

旧金山市区位于半岛北部,是湾区主要人口聚居地,城市人口密度是美国第二高。旧金山市以旅游业、服务业和金融业为主要产业,是美国西部最大的金融中心。由于打车软件运营商优步、社交媒体推特等知名技术公司总部的设立,旧金山市也成为了全球互联网初创公司与新兴社交媒体的大本营。同时,依托医学和生物技术出类拔萃的加利福尼亚大学旧金山分校,大量尖端生物医药公司也落户旧金山。

北湾位于金门大桥北部,是美国著名的酒乡和美食之都。由于人口密度小、缺少大规模人口聚居区,北湾是湾区唯一没有通勤轨道交通的地区,金门大桥是此区往旧金山唯一的道路。除了一小部分地区外，北湾是一个极为富有的区域，马林县经常被列为全国最富有的行政区。

东湾位于旧金山湾区东部，主要包括旧金山湾和圣巴勃罗湾沿岸东部的城市。奥克兰是东湾最大的城市，也是湾区第三大城市，是美国西海岸主要交通枢纽，以港口经济为主，作为美国第五大集装箱货运港口，拥有湾区最大海港。另外，美国顶尖高校加利福尼亚大学伯克利分校也坐落在东湾，为经济发展提供科技支撑。

半岛是指介于旧金山市和南湾之间的地区，由圣马特奥县的数个中小型城市和近郊社区和圣塔克拉拉县西北部所组成。旧金山港是世界三大天然良港之一，主要经营散货装卸、渡轮服务和船舶修理业务。

南湾以硅谷地区为主，集中大量世界知名大型高新科技企业，涉及计算机、通信、互联网、新能源等多个产业，包括全球市值最大的两家公司苹果和"字母表"（谷歌母公司），以及市值第五大公司脸书（Facebook），老牌科技巨头惠普、思科、英特尔等。主要城市以圣何塞为代表，电子工业发达，集中了电子计算机、电子仪表以及宇航设备等制造业。

2.4.3　日本东京湾区

国际三大湾区中，东京湾区是唯一的工业城市群，拥有京滨和京叶两大工业地带，装备制造、钢铁、化工、现代物流和高新技术等产业发达，区域经济约占日本经济总量的1/3，集中了日本的钢铁、有色冶金、炼油、石化、机械、电子、汽车、造船等主要工业部门，是日本最大的重化工业基地和能源基地、国际贸易和物流中心，也是全球最大的工业产业地带。依托东京湾发展起来的东京湾区城市圈，包括东京都、埼玉县、千叶县、神奈川县"一都三县"，总面积为13562平方公里，占全国面积的3.5%，人口则多达4000多万人，占全国人口的1/3以上（Statistics Japan，2017）。东京湾区是日本的能源基地、国际贸易和物流中心，京滨工业带上集聚了NEC、佳能、三菱、丰田、索尼、东芝和富士通等世界著名的大企业，而且坐落着武藏工业大学、横滨国立大学等著名高等学府。

东京都位于日本列岛中央的关东地区南部，是日本最大的金融、商业、管理、政治、文化中心。全日本30%以上的银行总部、50%销售额超过100亿日元的大公司的总部都设在东京。

神奈川县位于东京西南部,人口数仅次于东京和大阪,工农业总产值仅次于爱知县,居日本第二。主要城市以横滨为代表,横滨是仅次于东京的日本第二大城市,工业以重化工为主,炼油、电器、食品、机械、金属制品等工业产值占工业总产值的80%,在国际市场上极具竞争力。

千叶县位于日本关东平原东南部,由北部的关东平原和中南部的房总半岛组成,是日本开发成就最为显著的地区之一,也是为数不多的农业、水产业县。

埼玉县交通网络稠密,两条新干线构成交通运输主动脉,是日本东部最重要的交通中心之一。拥有丰富的土地资源和森林资源。

2.5 粤港澳大湾区与国际知名湾区比较分析

粤港澳大湾区与纽约湾区、旧金山湾区、东京湾区在土地、人口、GDP、产业结构特征、生态环境水平等主要指标上的对比结果如下。

2.5.1 主要指标对比

表2-2 2016年四大湾区土地、人口和GDP比较

项目 湾区	土地使用情况			人口 总量 (万人)	GDP	
	陆地面积 (平方公里)	范围	重要城市		总量 (万亿美元)	人均 (万美元)
纽约湾区	21481	25个县	纽约市、纽瓦克市、新泽西市	2285	1.5	6.56
东京湾区	13556	一都三县	东京都、横滨市、川崎市、千叶市	3503	1.238	3.54

续表

项目\湾区	土地使用情况			人口总量（万人）	GDP	
	陆地面积（平方公里）	范围	重要城市		总量（万亿美元）	人均（万美元）
旧金山湾区	18000	9个县	旧金山市、奥克兰市、圣荷西市	765	0.8	10.46
粤港澳大湾区	56505	9个地级市、2个特别行政区	香港、深圳、广州	6696	1.415	2.11

可见，从面积上看，粤港澳大湾区比纽约湾区、旧金山湾区、东京湾区加起来的都大。

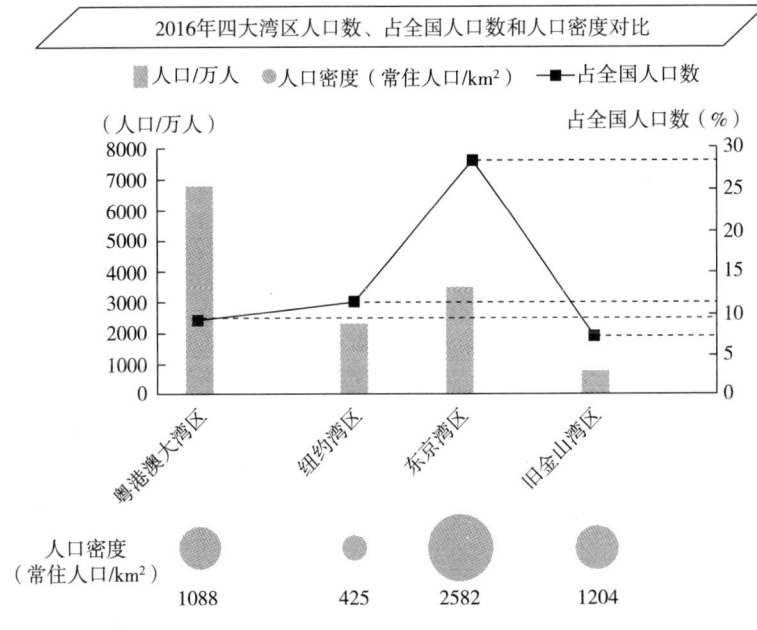

图2-2 四大湾区人口比较

资料来源：根据政府统计年鉴、学术研究报告和互联网统计资料整理。

从人口上看，粤港澳大湾区数量也最多，接近其他三个湾区人口数的综合，但人口密度仅排在第三位。

人均GDP指标，粤港澳大湾区和其他三大湾区差距很大，仅相当于东京湾的49%、旧金山湾区的18%、纽约湾区的34%。按照世行标准，澳门特区、香港特区、深圳、广州、珠海、佛山、中山的人均GDP进入高收入行列，而其余的东莞、惠州、江门、肇庆仅为中等偏上收入，区域发展尚不平衡。

表2-3　2016年四大湾区产业结构特征比较表

湾区 \ 项目	第三产业所占比例（%）	主导产业	主要特点
纽约湾区	91	房地产业、金融保险、医疗保健、批发零售业、专业科技服务业	第三产业比重大
东京湾区	82	服务业、金融保险业、制造业、不动产业、批发零售业、金融保险业	以第三产业为主导，高科技为支撑
旧金山湾区	83	房地产业、金融保险、医疗保健、批发零售业、专业科技服务业、制造业、信息产业	以服务业为主，同时高新科技制造业也占重要地位
粤港澳大湾区	65	批发零售业、工业、房地产、金融业、农业、交通运输、仓储和邮政业	工业比重较高，呈适度重工业化趋势

从产业结构看，主导产业的完善程度上差别不大，产业链条比较完善，但是第三产业比重较低，在四大湾区里排名最后，表明与国家先进湾区相比，粤港澳大湾区存在发展梯度差异。

从生态环境水平来看，粤港澳大湾区全面落后，雾霾浓度最高，并且都是其他三大湾区浓度的两倍以上，空气质量相对最差。在地表水指标上，也是排名最后，其他三大国际湾区此项指标为0，也就是已经消灭了不合格的黑臭水体。可是，粤港澳大湾区还有8.9%的比例。单位GDP油耗指标上，粤港澳大湾区的消耗值也最大，说明节能水平落后，资源能源利用率不高，这也直接导致了污染物排放量远远高于其他三个湾区，环境质量最差（见表2-4）。

表 2-4　2016 年四大湾区生态环境水平比较表

湾区 \ 项目	PM2.5 浓度（微克/立方米）	地表水黑臭水体占比（%）	单位 GDP 油耗（千克标准油/美元）
纽约湾区	7	0	0.129
东京湾区	12	0	0.09
旧金山湾区	9	0	0.129
粤港澳湾区	30	8.9	0.214

综合对比分析，与世界三大知名湾区相比，粤港澳大湾区在建成区面积、人口总量指标上占据优势，说明在经济腹地的纵深和劳动力数量上后劲十足；在基础设施配套、GDP 总量上差距也不大；但在人均 GDP、第三产业占比、生态环境水平等指标上还有一定的差距，尤其在环境质量方面差距较大。

2.5.2　差距致因分析

粤港澳大湾区之所以在一些关键指标上尚存较大的差距，主要原因在于与国际三大知名湾区相比，存在以下的差异：

（1）所处发展阶段的差异。纽约湾区、旧金山湾区、东京湾区已经处于创新期。粤港澳大湾区正处于从成熟期向创新期迈进的阶段。

（2）区域一体化水平的差异。纽约湾区、旧金山湾区、东京湾区区域内交通、产业、公共服务、环境品质已高度一体化。粤港澳大湾区区域内发展级差还比较明显，特别是"一国两制"的香港特区、澳门特区有着独特优势。从发展层次上，港澳整体发展水平高于广深，广深又高于其他七市，其他七市里，佛山和东莞是排头兵，其他如肇庆、江门等市的工业化水平尚有待进一步提高。

（3）在全球价值链的位阶差异。纽约湾区、旧金山湾区、东京湾区，位居全球价值链的高端。粤港澳大湾区正在努力通过创新，提升在全球价值链的位阶。比如，粤港澳大湾区的制造业发展，整体上尚处于中低端位置。

（4）中心城市的影响力差异。从全球来看，中心城市作为发挥湾区经济职能的"功能集聚体"，是应对全球化、面对外部竞争和确保其主导地位的核心区域。强化城市核心区，是发达的湾区经济发展过程中的重要策略。中心城市 GDP

占湾区 GDP 的比重反映了中心城市在湾区经济中集聚资源的能力，以及在此基础上对周边城市辐射带动能力的大小。按照中心城市 GDP 占湾区 GDP 比重的大小排序，四个中心城市依次是东京都、纽约市、旧金山市以及香港特区，说明香港特区是影响力相对最小的一个核心城市。而且，与国际三大湾区不同的是，中心城市香港特区和其他城市的政治体制不同，属于"一国两制"，在资金流通、人才流动方面都有着极大的限制，能否发挥好香港特区的国际金融中心引领和带动作用，是摆在粤港澳大湾区交流合作方面一个难题，也是重要课题，也是必须要思考如何去解决的关键问题。

2.5.3 对粤港澳大湾区的启示

纵观国际三大知名湾区的发展历程，纽约湾区、旧金山湾区、东京湾区等国际三大湾区的共同点是具有庞大的经济规模、先进的产业体系、全球化的资源配置能力、开放自由的市场环境、多元包容的文化氛围、发达的现代交通网络、现代化的都市形态。粤港澳大湾区的发展日新月异、可圈可点，但是整体的发展质量和创新水平与发达国家湾区相比还存在一定的差距。总结国际湾区的发展经验，可对粤港澳大湾区的建设发展提供如下启示：

（1）产业结构分工明确。单一的产业发展容易造成经济较大的脆弱性，只有产业结构合理布局才能促进区域可持续发展。综观世界三大湾区，我们可以发现湾区内部城市的功能与产业定位都有鲜明的分工体系，城市间根据自身基础和特色，承担不同的功能，在分工合作、优势互补的基础上形成组合体。虽然每个湾区都具有一个或几个核心城市，但是其城市之间的分工明确，具有不同的城市定位，每个城市发挥自身优势，承担不同的角色，同时相互之间实现优势互补，使得经济发展的效率达到最大。

纽约市作为纽约湾的中心城市，其强大的经济实力与金融产业为区域经济发展提供了高速引擎，同时培育了具有纽约特色的文化产业和世界水平的时尚产业；康州地区作为传统工业重镇，积极发展以机器、军工、食品加工等为代表的制造业，而新泽西州作为名列全美第一的制药业中心，依托高校的技术与人才支撑，不断发展和完善制药生产链。

旧金山湾区有三个中心城市，分别是位于半岛北端的旧金山、位于南湾的圣何塞以及位于东湾的奥克兰,形成各具特色、优势互补的三大区域中心,旧金山、圣何塞、奥克兰分别承担着金融、科技、重工业的角色。

东京湾区以东京都作为核心城市,以对外贸易、金融服务、高新技术产业为主,东京主营内贸,千叶负责原料输入,川崎负责输出原材料与制成品,横滨负责对外贸易,各港口对内各自独立经营、分工明确,对外形成统一整体,发挥城市群港口群巨大的规模效应。

湾区港口城市与湾区腹地的产业互补很重要,例如粤港澳大湾区中,深圳是鲜明的科技创新中心,广州是制造业中心和科教中心,香港是金融贸易中心,这些城市差异本身就有很强的互补性。反面的例子是,台湾高雄因缺乏广阔腹地货运量的有力支撑,逐渐被新的港口所取代。

(2)经济环境协调发展。国际三大湾区都非常重视生态环境建设与经济建设的协调发展,有效地解决了经济发展与环境保护之间的矛盾。

旧金山湾区建立了产业与环境可持续发展体系。旧金山湾区目前是全球环境质量标准最为严格的区域,也是自然生态环境保护得最好的区域,是国际公认的生态宜居湾区。加州政府颁布环境法案,有计划地减少温室气体的排放,并且每年加大对于可持续发展、清洁能源的发展。作为全美GDP增速最快的区域之一,区域生态环境质量持续保持良好。在环保产业的创新发展上也一直处于全球领先地位。

东京湾区则通过产业集群获得工业发展与环境保护双赢模式。东京湾区曾在20世纪六七十年代遭遇了严重的环境污染,并造成了危及居民健康的环境公害事件。从此东京湾区开始不断探索产业发展和环境保护双赢的可持续发展模式,其中基于区域实际的工业发展情况,实施产业集群的引导政策证明是有效且可行的措施,对区域产业发展与环境保护起到了极大的作用。经过产业发展模式的不断调整,东京湾区原有的工业产业高度集中,有效调高资源配置效率,增强企业创新能力,最大限度降低环境污染。东京湾区产业集群主要分为产业集群初始阶段、发展阶段和自组织扩张阶段,通过对原有产业基础布局的保护、再开发及调整,完善区域产业布局和集约化,再注重产业自主发展,营造良好的产业发展环境,分步骤地实现"产业可持续发展"。在后期发展阶段,随着企业创新能力的不断增加,湾区成立科技创新特大城市区域(TAMA),产业结构主要为电子信息制造、交通装配和精密仪器等制造业,通过科技产业集群建设,显著加强内部企业与科研大学、机构间的产业合作,构建区域高端制造业的产学研链条,提升区域的企业创新能力。2012年发布的"全球创新力企业(机构)百强"显示,东京湾区拥有20家全球创新力企业(鲁志国,2015),居于三大湾区之首,反映出目前东京湾区较强的科技创新实力。

目前宜居影响力是粤港澳大湾区发展的短板,这一指标的发展关系到其可持续发展能力,在未来的发展过程中,粤港澳大湾区应健全完善湾区宜居规划,进一步完善湾区公共服务设施,注重湾区生态环境保护,提升湾区整体文化内涵。

(3)科技创新系统完善。三大湾区均建立了完善的产学研创新系统,系统内部各环节互联互通,实现创新资源的自由循环流动,为湾区的经济发展提供源源不断的驱动力。以旧金山湾区为例,分布着不同类型的孵化器和加速器,鼓励初创企业的发展,对企业的商业模式及技术产品的创新间接产生积极的影响,劳伦斯伯克利等国家实验室及企业研究实验室的技术研发优势,保持着世界领先的高水平研发投入和产出,建立起了以科技创新为主导的产学研链条体系。

(4)重视教育集聚人才。高质量的城市环境是吸引全球高端人才的保证。多元化的文化氛围提供多样化的文化体验与文化包容,舒适的人居环境、清洁的水和空气、优美的生态环境,助力三大湾区的研发与商业机构建立了多样化的人才库。以东京湾区为例,东京一个市就集聚了全日本120所大学的1/5以上和大学教员的30%,集聚了近500所民间研究机构的1/4和600多家顶尖技术型公司的一半。旧金山湾区则聚集了斯坦福大学、加州大学伯克利分校等在内的多所美国著名高等学府及研究性机构,培养了大量的科技创新人才。纽约湾区里,仅纽约市就有大学及学院60余所,包括哥伦比亚大学、纽约大学、康奈尔大学等著名大学。这些教育机构培养和吸引了大量人才,而人才集聚是经济发展的基础。

(5)金融支撑作用明显。强大的金融服务业是纽约湾区的经济发展的重要支撑,也是世界一流湾区的主要特征。例如,纽约湾区目前是全球规模最大、最发达的金融中心,金融服务业占据湾区GDP比重高达15.39%,以金融服务业为主导的第三产业占据大份额的产值比重。旧金山湾区的发展有着金融业的强力支撑,产业互补,依靠硅谷地区的科研创新使得旧金山湾区成为世界级湾区。

2.6 本章小结

粤港澳大湾区的经济增速高于全国平均增速,与国内其他几个知名湾区相比优势明显,已具备建成国际一流湾区和世界级城市群的基础条件。与世界三大知名湾区相比,也有部分指标占据优势,但在人均 GDP、第三产业占比、生态环境水平等指标上还有一定的差距,尤其在环境质量方面差距较大。粤港澳大湾区在实现规划目标的过程中,应正视与国家先进湾区的差距,借鉴国际知名湾区的成功经验,从以下几方面做好改进:做好内部功能区划,明确分工,功能互补;通过产业集约化发展,加强环境资源的集约利用和污染排放的统一处理;大力发挥金融服务业的支撑作用,尤其是积极运用绿色金融等新型金融手段,实现环境与经济发展的双赢目标。

第3章 大湾区经济结构与产业特征

本章首先对粤港澳大湾区内部"9+2"各个组成城市的经济结构特点进行分析,然后分析各地市的主导产业的产业特征,找到大湾区产业发展的难点并分析产生原因,在此基础上提出解决思路。

3.1 "9+2"各城市经济结构分析

3.1.1 各城市经济结构概述

(1)香港特区经济结构。通过观察香港特别行政区2012~2018年的经济数据发现,香港特别行政区的经济连年增长,经济体量较大,2012年全港GDP折合人民币约为1.65万亿元,经过七年发展到折合人民币约为2.39万亿元。香港特区在三个产业上主要以发展服务业为主,是全球服务业占比最大的地区之一。服务业一直拉动着香港特区经济的发展,工业、农业的贡献较小。2014年服务业对香港特区生产总值的贡献升至93.0%,同期制造业对生产总值的贡献降至1.3%。在金融服务业上,香港特区金融服务业每年的增长值对当年的GDP的贡献保持在16%~18%,2017年更是升至18.9%。香港特区还有旅游、贸易及物流、专业服务及其他工商业支援服务这三大支柱产业,合计占比则维持在38%~41%。

2012~2018年香港特区生产总值和三次产业情况、2012~2016年香港特区三次产业发展情况分别如表3-1和图3-1所示。

第3章 大湾区经济结构与产业特征

表3-1 2012~2018年香港特区生产总值和三次产业情况

年份	生产总值（亿元）	第一产业（亿元）	占比（%）	第二产业（亿元）	占比（%）	第三产业（亿元）	占比（%）
2012	16571.89	16.57	0.1	1143.46	6.9	15411.86	93.0
2013	17093.21	17.09	0.1	1196.52	7.0	15896.69	93.0
2014	17895.58	17.90	0.1	1306.38	7.3	16589.21	92.7
2015	19274.62	19.27	0.1	1387.77	7.2	17867.58	92.7
2016	21306.50	21.31	0.1	1640.60	7.7	19644.59	92.2
2017	23081.95	23.08	0.1	1754.23	7.6	21327.72	92.4
2018	23957.57	23.96	0.1	1820.78	7.6	22136.79	92.4

注：2018年三次产业占比类比2017年。

资料来源：香港特区政府统计处。

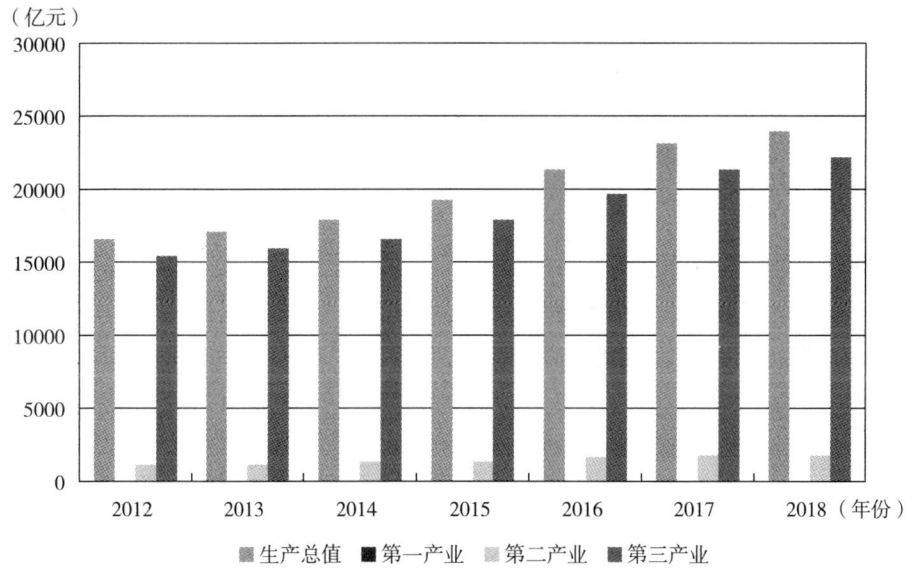

图3-1 2012~2018年香港特区三次产业发展情况

（2）澳门特区经济结构。澳门特区经济结构具有比较鲜明的特点。从三次产业的产值构成来看，第一产业基本上是空白，其生产总值仅占澳门特区本地生产总值的1%左右，主要是渔业。第二产业比较薄弱，产值占澳门特区生产总值1/3左右，工业基础差，门类不齐。在全部工业企业中，纺织、制衣、皮革生产企业占半数左右，制造业以纺织制衣业为主，且以劳动密集和外向型为模式发展，大部分产品销往美国及欧洲。第三产业相对发达，占本地生产总值的比重一直在95%左右，其中旅游博彩业闻名世界，商业、金融、房地产、邮电、通信等也比较发达。

2012~2018年澳门特区生产总值和三次产业情况如表3-2、图3-2所示。

表3-2 2012~2018年澳门特区生产总值和三次产业情况

年份	生产总值（亿元）	第一产业（亿元）	占比（%）	第二产业（亿元）	占比（%）	第三产业（亿元）	占比（%）
2012	3125.23	0.00	0	116.57	3.7	3008.66	96.3
2013	3432.23	0.00	0	174.70	5.1	3257.53	94.9
2014	2942.26	0.00	0	229.50	7.8	2712.76	94.9
2015	3118.74	0.00	0	208.40	6.7	2911.34	93.4
2016	3317.17	0.00	0	167.86	5.1	3149.31	94.9
2017	3669.61	0.00	0	187.15	5.1	3482.46	94.9
2018	3125.23	0.00	0	116.57	3.7	3008.66	96.3

注：2018年三次产业占比类比2017年。

资料来源：澳门特区统计暨普查局。

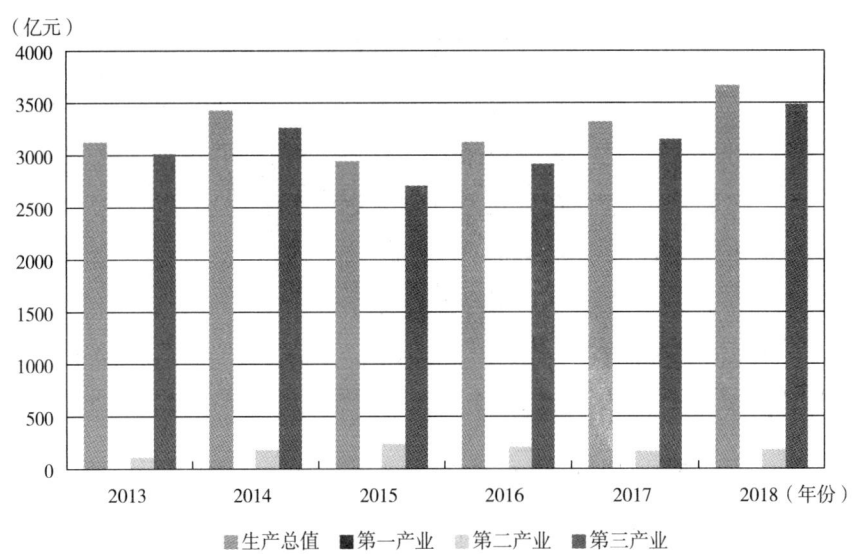

图3-2 2012~2018年澳门特区生产总值和三次产业情况

（3）广州经济结构。广州经济结构进一步优化，新动能发展迅速（见图3-3）。2018年，三次产业比重由上年的1.09∶27.97∶70.94调整为0.98∶27.27∶71.75（见表3-3），第二、第三产业对经济增长的贡献率分别为26.6%

和73.0%。从工业看,全年规模以上高技术制造业增加值增长10.2%。2018年,广州市人均地区生产总值达到155491元。

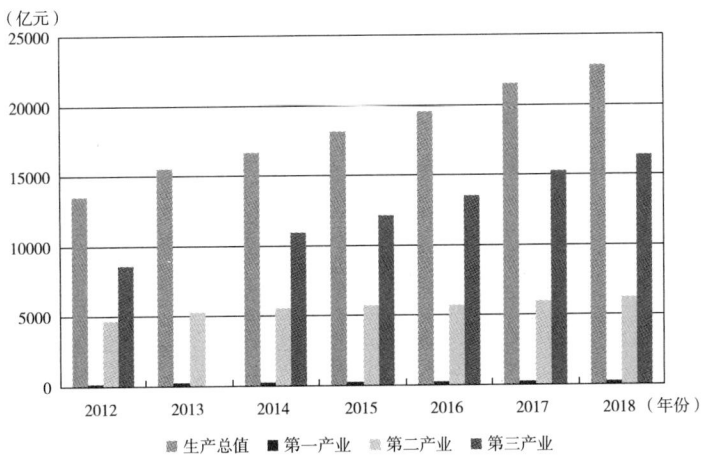

图3-3 2012~2018年广州市生产总值和三次产业情况

表3-3 2012~2018年广州市生产总值和三次产业情况

年份	生产总值（亿元）	第一产业（亿元）	占比（%）	第二产业（亿元）	占比（%）	第三产业（亿元）	占比（%）
2012	13551.21	213.76	1.58	4720.65	34.84	8616.79	63.58
2013	15497.23	228.46	1.47	5270.09	34.01	9998.68	64.52
2014	16706.87	218.7	1.31	5590.97	33.47	10897.2	65.22
2015	18100.41	226.84	1.25	5726.08	31.64	12147.5	67.11
2016	19547.44	239.28	1.22	5751.59	29.42	13556.57	69.36
2017	21503.15	233.49	1.09	6015.29	27.97	15254.37	70.94
2018	22859.35	223.44	0.98	6234.07	27.27	16401.84	71.75

资料来源:广州市2018年统计年鉴、统计公报。

投资结构也继续改善。从产业投资看,2018年第三产业投资总额占比达87.1%,比重同比提高0.6个百分点。房地产开发投资2701.93亿元,比上年提高1.9%,由前两年18.9%的较快增长回归理性稳健增长。重点发展领域投资加速推进。工业投资中,完成投资增长53.8%,基础设施投资增长12.3%。高技术产业（制造业）投资比去年增长1.54倍。先进制造业投资增长80.2%;服务业投资中,教育行业投资增长49.5%,文化、体育和娱乐业增长58.5%,水利环境和公共设施管理增长40.4%。

(4) 深圳经济结构。深圳经济总体运行平稳。2018年深圳市生产总值24221.98亿元，按可比价格计算，比上年增长7.6%（见表3-4）。分产业看，工业增速提升，增速较快的行业有计算机、通信和其他电子设备制造业（增长14.0%），专用设备制造业（增长10.0%），汽车制造业（增长12.4%），医药制造业（增长25.0%）；服务业增长较快，2018年1~11月，全市规模以上服务业（不含金融、房地产开发、批零住餐等行业）实现营业收入9910.9亿元，增长14.0%。

表3-4 2012~2018年深圳市生产总值和三次产业情况

年份	生产总值（亿元）	第一产业（亿元）	占比（%）	第二产业（亿元）	占比（%）	第三产业（亿元）	占比（%）
2012	13319.70	6.8	0.0	6055.90	0.5	7257.00	0.5
2013	14979.40	6.4	0.0	6658.00	0.4	8315.10	0.6
2014	16449.50	5.8	0.0	7224.20	0.4	9219.40	0.6
2015	18014.10	7.2	0.0	7678.10	0.4	10328.80	0.6
2016	19492.60	8.3	0.0	8310.70	0.4	11760.80	0.6
2017	22490.10	19.6	0.0	9318.10	0.4	13152.40	0.6
2018	24221.98	22.1	0.0	9962.00	0.4	14237.90	0.6

资料来源：深圳市2018年统计年鉴、统计公报。

通过将最近七年的三次产业数据进行对比可以看出（见图3-4），深圳市第一产业占比非常小，地区生产总值主要由第二产业和第三产业构成。在第三产业，高端服务业的增势更加明显，主导产业的驱动作用增强，结构进一步优化。金融业、交通运输仓储邮政业（现代物流业）、信息传输软件和信息技术服务业、租赁和商务服务业均保持两位数增幅，成为第三产业的主导力量。

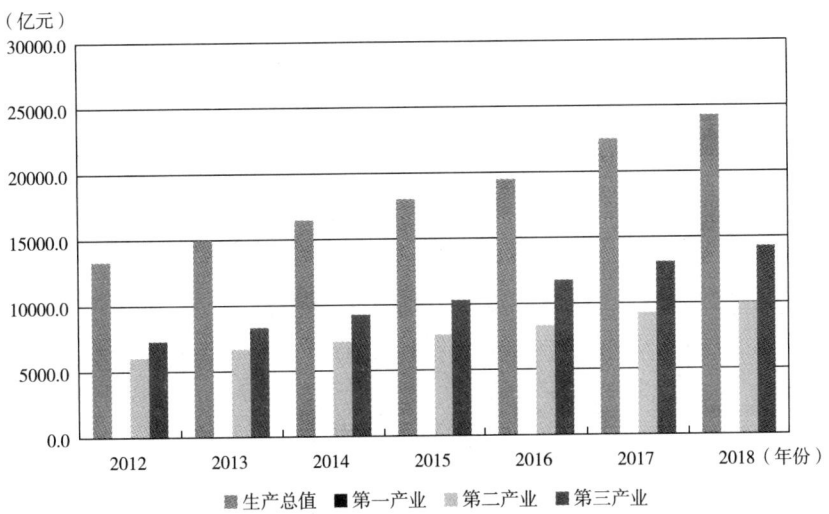

图3-4 2012~2018年深圳市生产总值和三次产业情况

（5）佛山经济结构。近几年来佛山的GDP逐年增加（见图3-5），由2012年的6579.18亿元增长到2018年的9935.88亿元（见表3-5），增长速率达到51%，增速明显。地区生产总值、规模以上工业、固定资产投资、社会消费品零售总额、地方一般公共预算收入、税收总额等主要指标均保持增长态势，但增速与去年同期相比均有所回落。其中，实现地区生产总值增长6.3%，比去年同期低2.0个百分点。第一产业增长5.8%，第二产业增长6.1%，第三产业增长6.6%。

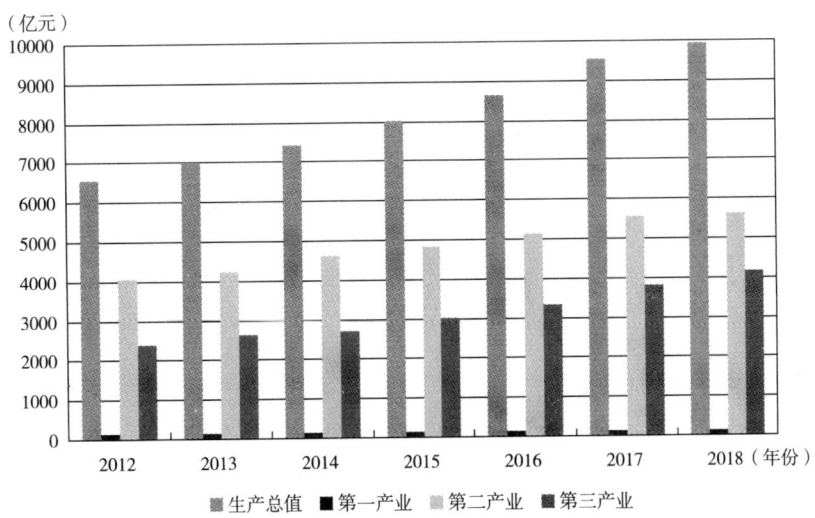

图3-5 2013~2018年佛山市生产总值和三次产业情况

表3-5 2012～2018年佛山市生产总值和三次产业情况

年份	生产总值（亿元）	第一产业（亿元）	占比（%）	第二产业（亿元）	占比（%）	第三产业（亿元）	占比（%）
2012	6579.18	130.53	2.0	4065.38	61.8	2383.28	36.2
2013	7010.68	135.84	1.9	4248.22	60.6	2626.62	37.5
2014	7441.60	133.75	1.8	4602.17	61.8	2705.68	36.4
2015	8003.92	136.45	1.7	4839.47	60.5	3028.00	37.8
2016	8630.00	145.31	1.7	5146.02	59.6	3338.68	38.7
2017	9549.60	145.92	1.5	5570.18	58.3	3833.49	40.1
2018	9935.88	144.45	1.5	5614.00	56.5	4177.43	42

资料来源：佛山市2018年统计年鉴、统计公报。

（6）东莞经济结构。东莞以第二和第三产业为主（见图3-6），2018年东莞GDP为8278.59亿元（见表3-6），比上年增长7.4%，呈现总体平稳，稳中向优的良好态势。分产业看，第一产业增加值25.04亿元，增长7.4%；第二产业增加值4027.21亿元，增长6.9%；第三产业增加值4226.34亿元，增长7.9%。三次产业比例为0.3∶48.6∶51.1。农业生产稳中有升，主要农产品产量增长较快；工业生产总体稳定，内外资结构进一步优化，2018年，全市规模以上工业实现增加值3904.57亿元，比上年增长6.4%，增速比全省平均水平（6.3%）高0.1个百分点；服务业发展持续加快，新兴服务业成主要动力。

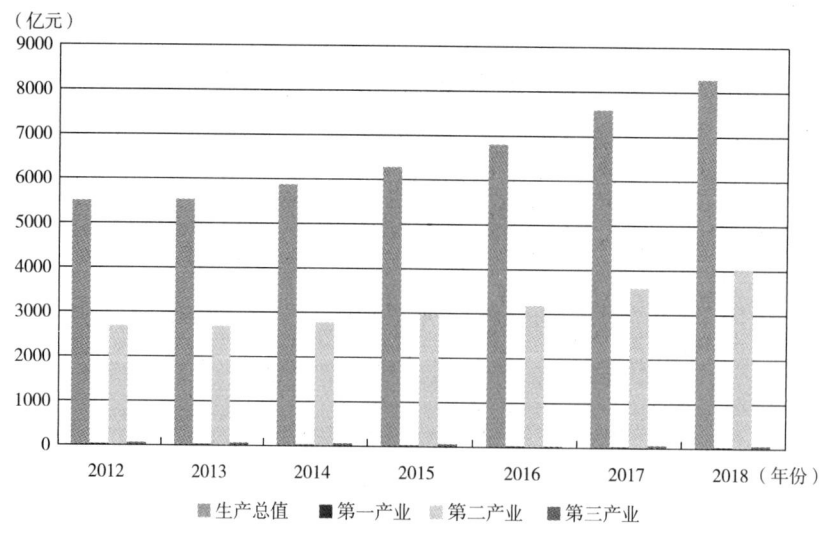

图3-6 2012～2018年东莞市生产总值和三次产业情况

表 3-6 2012~2018 年东莞市生产总值和三次产业情况

年份	生产总值（亿元）	第一产业（亿元）	占比（%）	第二产业（亿元）	占比（%）	第三产业（亿元）	占比（%）
2012	5510.14	22.04	0.4	2672.42	48.5	2815.68	51.1
2013	5517.47	22.07	0.4	2675.97	48.5	2819.43	51.1
2014	5881.32	23.53	0.4	2796.62	47.5	3064.17	52.1
2015	6275.07	25.10	0.4	2980.66	47.5	3269.31	52.1
2016	6827.07	20.48	0.3	3181.69	46.6	3625.49	53.1
2017	7582.12	22.75	0.3	3593.92	47.4	3965.45	52.3
2018	8278.59	25.04	0.3	4027.21	48.6	4226.34	51.1

资料来源：东莞市统计年鉴、统计公报。

2012~2018 年，东莞在支持和引导民营经济发展方面出台若干文件和配套政策，进一步拓宽民间投资的领域和范围，改善民营经济的发展环境，民营企业得到较快发展。截至 2018 年 12 月末，全市民营经济登记注册户数 112.11 万户，增长 15.0%；个体工商户 64.40 万户，增长 9.7%。民营工业以年均 15.0% 的增速强势崛起，打破外资企业在东莞高度集中统一的局面，成为东莞工业的重要组成部分。

（7）珠海经济结构。2017~2018 年，珠海经济运行保持平稳健康发展，同时经济发展质量和效益不断提升。2018 年全市实现地区生产总值 2914.74 亿元（见表 3-7、图 3-7），同比增长 8.0%。其中，第一产业增加值 50.09 亿元，增长 1.2%，对地区生产总值增长的贡献率为 0.3%；第二产业增加值 1433.82 亿元，增长 12.6%，对地区生产总值增长的贡献率为 78.5%；第三产业增加值 1430.83 亿元，增长 3.5%，对地区生产总值增长的贡献率为 21.2%。三次产业的比例为 1.7：49.2：49.1。在第二产业中，全市完成规模以上工业增加值 1083.74 亿元，同比增长 14.1%，增速居全省首位。六大支柱产业实现工业增加值 744.36 亿元，同比增长 13.1%，拉动全市规模上工业增速 9.1 个百分点。

表 3-7　2012～2018 年珠海市生产总值和三次产业情况

年份	生产总值（亿元）	第一产业（亿元）	占比（%）	第二产业（亿元）	占比（%）	第三产业（亿元）	占比（%）
2012	1503.76	39.02	2.6	776.36	51.6	688.38	45.8
2013	1678.99	41.56	2.5	845.07	50.3	792.36	47.2
2014	1867.21	43.93	2.3	938.71	50.3	884.57	47.4
2015	2025.41	45.11	2.2	1007.30	49.8	973.00	48
2016	2267.01	45.15	2	1114.54	49.2	1107.32	48.8
2017	2675.18	48.82	1.8	1287.19	48.1	1339.17	50.1
2018	2914.74	50.09	1.7	1433.82	49.2	1430.83	49.1

资料来源：珠海市 2018 年统计年鉴、统计公报。

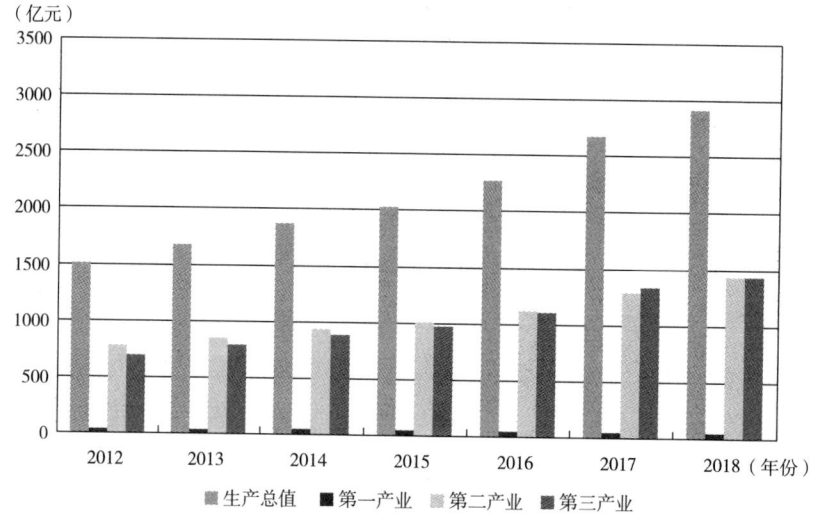

图 3-7　2012～2018 年珠海市生产总值和三次产业情况

（8）中山经济结构。中山市的经济连年增长，在 GDP 上，2012 年中山市的 GDP 为 2446.30 亿元，经过七年的发展，到 2018 年，全市 GDP 达到 3632.70 亿元（见表 3-8、图 3-8）。从产业对 GDP 的贡献程度来看，2012～2018 年三次产业的比例较为稳定，但保持着第一产业占比和第二产业占比缓慢下降，第三产业占比有序提升，其中批发与零售业增长幅度较大，房地产业的贡献率也较高。2018 年，三次产业结构调整为 1.7∶49.0∶49.3，中山市经济稳步提升，产业结构不断优化。

第3章 大湾区经济结构与产业特征

表3-8　2012~2018年中山市生产总值和三次产业情况

年份	生产总值（亿元）	第一产业（亿元）	占比（%）	第二产业（亿元）	占比（%）	第三产业（亿元）	占比（%）
2012	2446.30	62.17	2.5	1356.3	55.5	1027.83	42
2013	2651.93	64.53	2.5	1469.74	55.4	1117.65	42.1
2014	2823.01	66.99	2.4	1560.75	55.3	1195.26	42.3
2015	3010.03	66.48	2.2	1632.7	54.3	1310.85	43.5
2016	3202.78	68.26	2.1	1677.26	52.4	1457.26	45.5
2017	3450.31	66.89	1.9	1734.97	50.3	1648.45	47.8
2018	3632.70	61.59	1.7	1780.23	49.0	1790.88	49.3

资料来源：中山市2018年统计年鉴、统计公报。

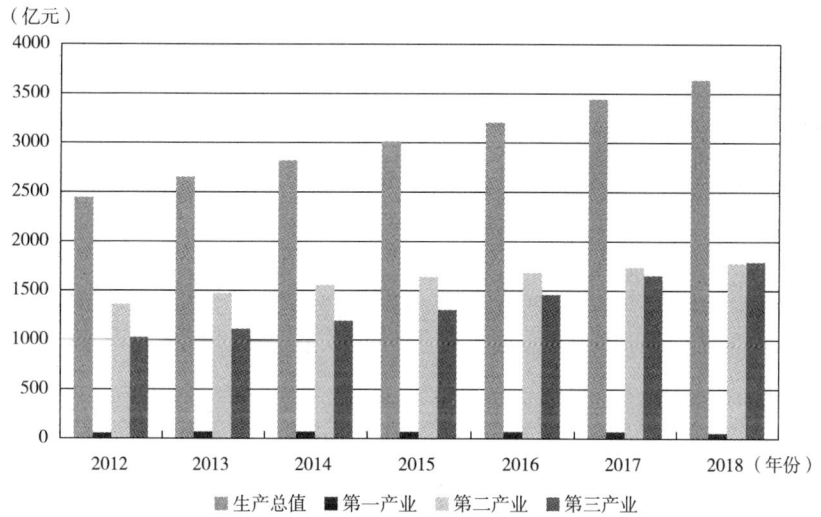

图3-8　2012~2018年中山市生产总值和三次产业情况

（9）惠州经济结构。经广东省统计局核定，2018年惠州全市地区生产总值初步核算为4103.05亿元（见表3-9、图3-9），增长6.0%。其中，第一产业增加值175.98亿元，增长3.6%；第二产业增加值2161.58亿元，增长6.0%；第三产业增加值1765.50亿元，增长6.2%。三次产业结构调整为4.3∶52.7∶43.0。民营经济增加值1826.41亿元，增长6.6%。惠州人均地区生产总值为85418元，按平均汇率折算为12908美元。

惠州市是广东的一个主要产粮区，粮食作物主要有水稻、番薯、玉米等，经济作物以甘蔗、花生、大豆为主,蔬菜有130多个品种,水果有20多个种类、数百个品种,是广东"四大名果"——荔枝、香蕉、柑橘、菠萝的主要产区之一。惠州也是香港特区蔬菜、生猪的主要供应地。

表3-9　2012~2018年惠州市生产总值和三次产业情况

年份	生产总值（亿元）	第一产业（亿元）	占比（%）	第二产业（亿元）	占比（%）	第三产业（亿元）	占比（%）
2012	2407.00	121.5	5.1	1392.30	57.8	893.20	37.1
2013	2738.80	130.1	4.7	1565.30	57.2	1043.40	38.1
2014	3035.30	136.6	4.5	1734.00	57.1	1164.70	38.4
2015	3178.70	146.1	4.6	1768.10	55.6	1264.50	39.8
2016	3453.10	164.2	4.7	1885.10	54.6	1403.80	40.7
2017	3830.60	166.6	4.3	2017.20	52.7	1646.80	43.0
2018	4103.05	175.98	4.3	2161.58	52.7	1765.50	43.0

资料来源：惠州市2018年统计年鉴、统计公报。

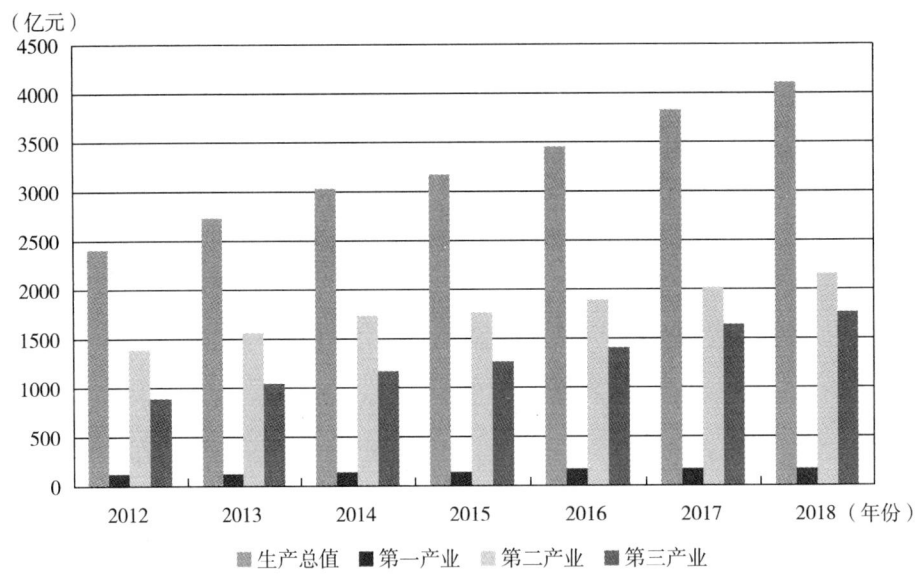

图3-9　2012~2018年惠州市生产总值和三次产业情况

(10)江门经济结构。江门市的经济连年增长,2018年全市GDP达到2900.41亿元人民币（见表3-10、图3-10）。从产业对GDP贡献来看,2012~2018年三个产业所占比例较为稳定。江门市第一产业占GDP总量的份额较低,除了 2014 年有所上升和 2016 年占比不变外，其他年份都处于下降阶段；第二产业一直占据全市 GDP 总量将近一半的份额，每年均能保持一定的增长率，从贡献率来看，近两年有所回升，打破了前几年的下降趋势；第三产业在 GDP 占比方面除了 2018 年有所下降外，其他年份都在上升，从 2012 年的 40.9% 增长到 2018 年的 44.5%，其中 2017 年最高达到了 44.7%。

表 3-10　2012~2018 年江门市生产总值和三次产业情况

年份	总产值（亿元）	第一产业（亿元）	占比（%）	第二产业（亿元）	占比（%）	第三产业（亿元）	占比（%）
2012	1880.39	149.51	8	960.45	51.1	770.43	40.9
2013	2000.18	155.92	7.8	1005.78	50.3	838.48	41.9
2014	2082.76	168.02	8.1	1021.62	49.1	893.12	42.8
2015	2240.02	174.30	7.8	1084.73	48.4	980.80	43.8
2016	2418.78	188.97	7.8	1150.77	47.6	1079.05	44.6
2017	2690.25	193.84	7.2	1292.94	48.1	1203.48	44.7
2018	2900.41	201.69	7	1408.15	48.5	1290.57	44.5

资料来源：江门市 2018 年统计年鉴、统计公报。

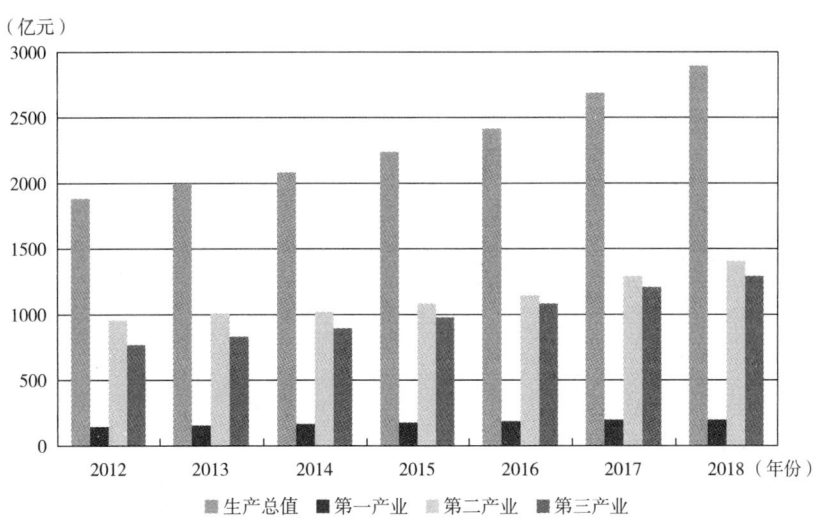

图 3-10　2012~2018 年江门市生产总值和三次产业情况

(11) 肇庆经济结构。2012~2018年，肇庆经济增长稳中上升。2018年完成GDP总量2201.80亿元，增长6.6%（见表3-11、图3-11）。第一、第二、第三产业的结构由2012年的16.2∶46.0∶37.7调整为2018年的15.7∶35.1∶49.0，产业结构优化趋势明显。与2017年对比，地区生产总值、规模以上工业增加值、固定资产投资额、一般公共预算收入等大部分主要经济指标增速加快。从三次产业发展看，促进经济发展的主导产业正在由第二产业转向第三产业，特别是近两年，第二产业贡献率下降明显，第三产业增长快速。2017年，第三产业对GDP的贡献率达47.9%，较2016年增长超过10个百分点。

肇庆市政府积极推动工业绿色化转变，绿色发展初见成效。2018年，规模以上工业能源加工转换效率43.8%，比2017年提高2.4个百分点。规模以上工业企业发电量增长4.12%，其中，余热、余压、余气发电量比2017年下降1.05%，风力发电量增长0.28%。规模以上工业综合能源消费量比2017年下降1.0%，增幅同比回落4.37个百分点。

表3-11　2012~2018年肇庆市生产总值和三次产业情况

年份	生产总值（亿元）	第一产业（亿元）	占比（%）	第二产业（亿元）	占比（%）	第三产业（亿元）	占比（%）
2012	1477.78	240.16	16.2	680.36	46.0	557.27	37.7
2013	1685.15	253.94	15	842.29	49.9	588.91	34.9
2014	1857.61	270.41	14.5	935.05	50.3	652.15	35.1
2015	1984.02	288.5	19.5	1002.89	50.5	692.64	34.9
2016	2100.64	317.67	16	1013.95	48.2	769.02	36.6
2017	2110.01	326.62	15.4	771.53	36.5	1011.86	47.9
2018	2201.80	347.86	15.7	774.64	35.1	1079.29	49.0

资料来源：肇庆市2018年统计年鉴、统计公报。

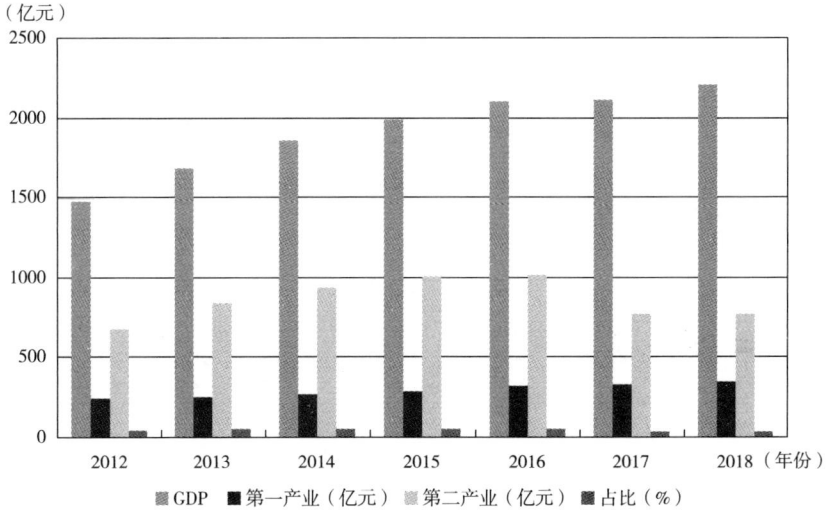

图 3-11　2012~2018 年肇庆市生产总值和三次产业情况

3.1.2　经济结构特点分析

根据各地市经济发展数据,对 2012~2018 年粤港澳大湾区各城市的经济发展进行逐年比较分析,情况如下(见表 3-12~表 3-18 和图 3-12~图 3-18)。

表 3-12　2012 年 "9+2" 城市生产总值和三次产业情况

城市（2012 年）	生产总值（亿元）	第一产业（亿元）	第二产业（亿元）	第三产业（亿元）
香港特区	16571.89	16.57	1143.46	15411.86
澳门特区	3125.23	0.00	116.57	3008.66
广州	13551.21	213.76	4720.65	8616.79
深圳	13319.70	6.80	6055.90	7257.00
佛山	6579.18	130.53	4065.38	2383.28
东莞	5510.14	22.04	2672.42	2815.68
珠海	1503.76	39.02	776.36	688.38
江门	1880.39	149.51	960.45	770.43
惠州	2407.00	121.50	1392.30	893.20
中山	2446.30	62.17	1356.30	1027.83
肇庆	1477.78	240.16	680.36	557.27

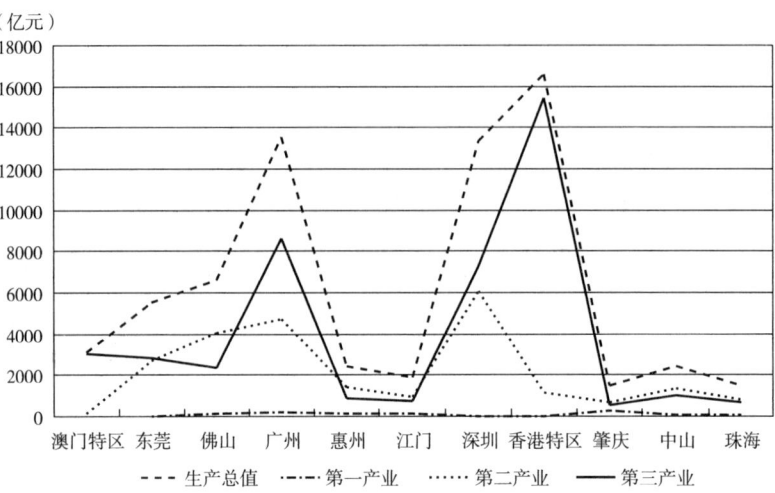

图 3-12 2012 年 "9+2" 城市经济走势分析

表 3-13 2013 年 "9+2" 城市生产总值和三次产业情况

城市（2013 年）	生产总值（亿元）	第一产业（亿元）	第二产业（亿元）	第三产业（亿元）
香港特区	17093.21	17.09	1196.52	15896.69
澳门特区	3432.23	0.00	174.70	3257.53
广州	15497.23	228.46	5270.09	9998.68
深圳	14979.40	6.40	6658.00	8315.10
佛山	7010.68	135.84	4248.22	2626.62
东莞	5517.47	22.07	2675.97	2819.43
珠海	1678.99	41.56	845.07	792.36
江门	2000.18	155.92	1005.78	838.48
惠州	2738.80	130.10	1565.30	1043.40
中山	2651.93	64.53	1469.74	1117.65
肇庆	1673.37	253.26	831.86	588.25

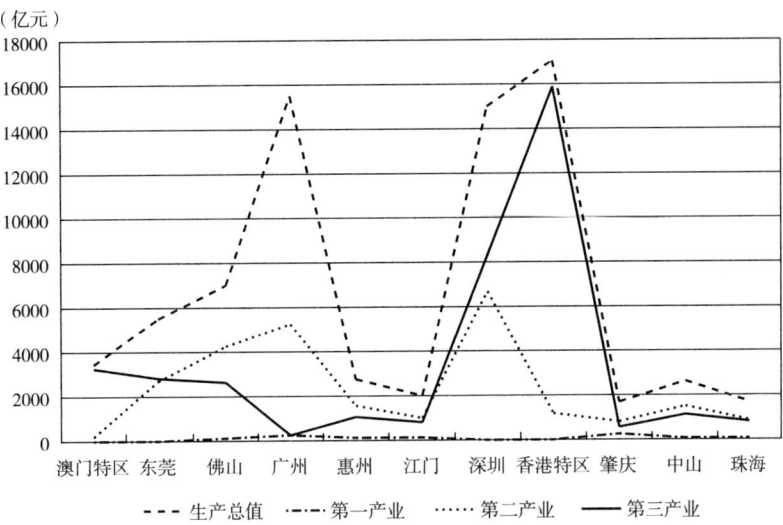

图 3-13　2013 年 "9+2" 城市经济走势分析

表 3-14　2014 年 "9+2" 城市生产总值和三次产业情况

城市（2014 年）	生产总值（亿元）	第一产业（亿元）	第二产业（亿元）	第三产业（亿元）
香港特区	17895.58	17.90	1306.38	16589.21
澳门特区	2942.26	0.00	229.50	2712.76
广州	16706.87	218.70	5590.97	10897.20
深圳	16449.50	5.80	7224.20	9219.40
佛山	7441.60	133.75	4602.17	2705.68
东莞	5881.32	23.53	2796.62	3064.17
珠海	1867.21	43.93	938.71	884.57
江门	2082.76	168.02	1021.62	893.12
惠州	3035.30	136.60	1734.00	1164.70
中山	2823.01	66.99	1560.75	1195.26
肇庆	1857.61	270.41	935.05	652.15

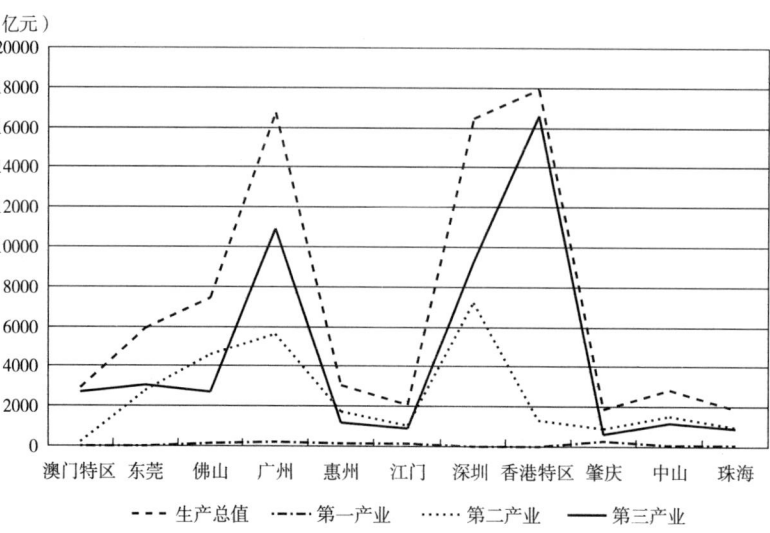

图3-14 2014年"9+2"城市经济走势分析

表3-15 2015年"9+2"城市生产总值和三次产业情况

城市（2015年）	生产总值（亿元）	第一产业（亿元）	第二产业（亿元）	第三产业（亿元）
香港特区	19274.62	19.27	1387.77	17867.58
澳门特区	3118.74	0.00	208.40	2911.34
广州	18100.41	226.84	5726.08	12147.50
深圳	18014.10	7.20	7678.10	10328.80
佛山	8003.92	136.45	4839.47	3028.00
东莞	6275.07	25.10	2980.66	3269.31
珠海	2025.41	45.11	1007.30	973.00
江门	2240.02	174.30	1084.73	980.80
惠州	3178.70	146.10	1768.10	1264.50
中山	3010.03	66.48	1632.70	1310.85
肇庆	1984.02	288.50	1002.89	692.64

第3章 大湾区经济结构与产业特征

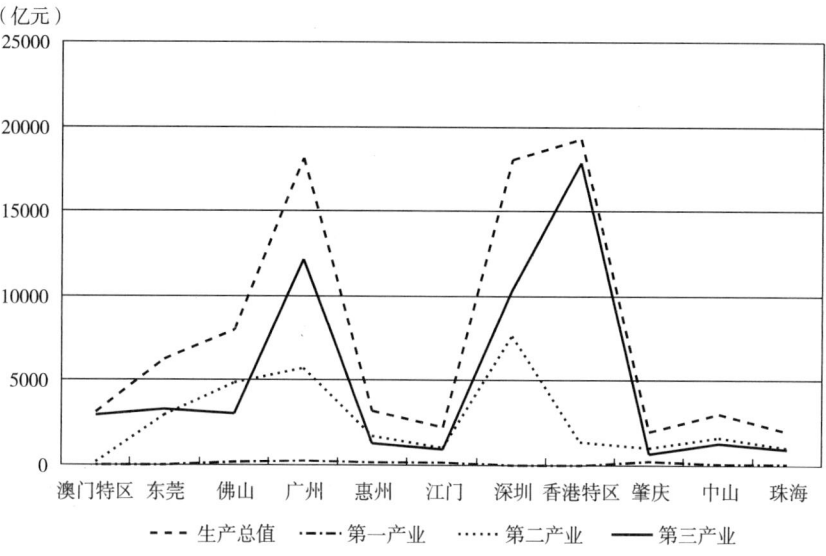

图 3-15 2015 年 "9+2" 城市经济走势分析

表 3-16 2016 年 "9+2" 城市生产总值和三次产业情况

城市（2016年）	生产总值（亿元）	第一产业（亿元）	第二产业（亿元）	第三产业（亿元）
香港特区	21306.50	21.31	1640.60	19644.59
澳门特区	3317.17	0.00	167.86	3149.31
广州	19547.44	239.28	5751.59	13556.57
深圳	19492.60	8.30	8310.70	11760.80
佛山	8630.00	145.31	5146.02	3338.68
东莞	6827.07	20.48	3181.69	3625.49
珠海	2267.01	45.15	1114.54	1107.32
江门	2418.78	188.97	1150.77	1079.05
惠州	3453.10	164.20	1885.10	1403.80
中山	3202.78	68.26	1677.26	1457.26
肇庆	2100.64	317.67	1013.95	769.02

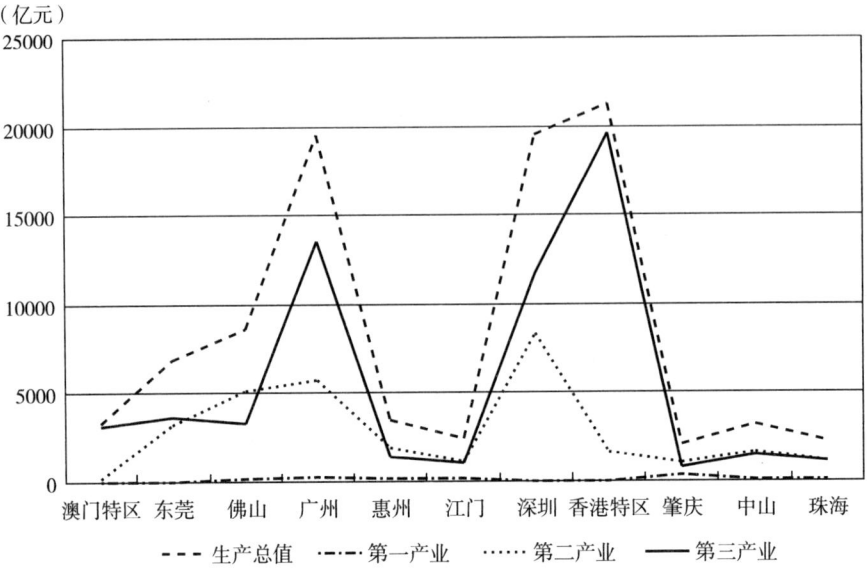

图3-16 2016年"9+2"城市经济走势分析

表3-17 2017年"9+2"城市生产总值和三次产业情况

城市（2017年）	生产总值（亿元）	第一产业（亿元）	第二产业（亿元）	第三产业（亿元）
香港特区	23081.95	23.08	1754.23	21327.72
澳门特区	3669.61	0.00	187.15	3482.46
广州	21503.15	233.49	6015.29	15254.37
深圳	22490.10	19.60	9318.10	13152.40
佛山	9549.60	145.92	5570.18	3833.49
东莞	7582.12	22.75	3593.92	3965.45
珠海	2675.18	48.82	1287.19	1339.17
江门	2690.25	193.84	1292.94	1203.48
惠州	3830.60	166.60	2017.20	1646.80
中山	3450.31	66.89	1734.97	1648.45
肇庆	2110.01	326.62	771.53	1011.86

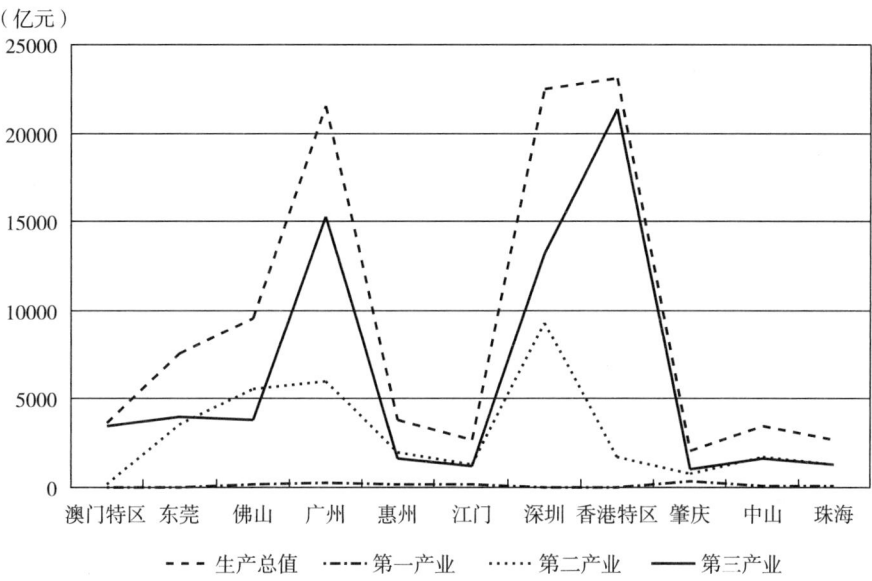

图 3-17　2017 年"9+2"城市经济走势分析

表 3-18　2018 年"9+2"城市生产总值和三次产业情况

城市（2018 年）	生产总值（亿元）	第一产业（亿元）	第二产业（亿元）	第三产业（亿元）
香港特区	23957.57	23.96	1820.78	22136.79
澳门特区	3125.23	0.00	116.57	3008.66
广州	22859.35	223.44	6234.07	16401.84
深圳	24222.00	22.10	9962.00	14237.90
佛山	9935.88	144.45	5614.00	4177.43
东莞	8278.59	24.84	4023.39	4230.36
珠海	2914.74	50.09	1433.82	1430.83
江门	2900.41	201.69	1408.15	1290.57
惠州	4103.05	175.98	2161.58	1765.50
中山	3632.70	61.59	1780.23	1790.88
肇庆	2201.80	347.86	774.64	1079.29

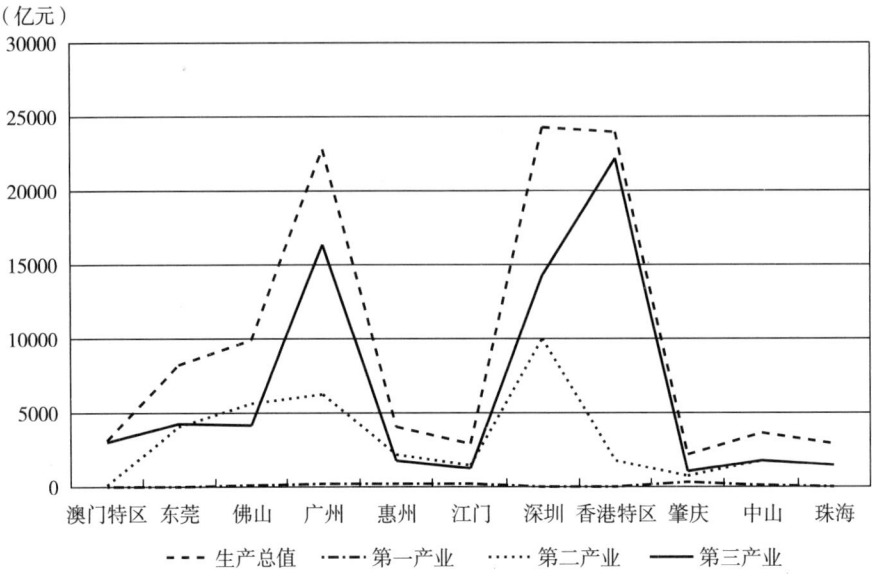

图 3-18 2018 年 "9+2" 城市经济走势分析

分析粤港澳大湾区各城市的经济结构特点，有以下两个方面：

(1) 地区间发展不平衡。"9+2" 的 11 个城市里面，从经济总量来看，香港特区高居榜首；深圳、广州紧随其后，GDP 总量已经很接近香港特区；澳门特区由于人口少，经济总量小，但是人均 GDP 位于前列，经济发展水平也应列入第一梯队。佛山、东莞是第二梯队，GDP 总量大概是港广深的一半。珠海、江门、惠州、中山、肇庆位于第三梯队，GDP 总量大概也是第二梯队城市的一半。可见，三个梯队之间的 GDP 差距均以倍数计，说明经济发展水平差异较大。

(2) 产业发展水平区域差异较大。从三次产业的占比来看，香港特区、澳门特区的第三产业占 GDP 的比重较大，广州、深圳次之，其他七个城市占比基本相近。以制造业为代表的第二产业所占比重，佛山、东莞、江门、惠州、中山、肇庆、珠海等占比较高，广州、深圳居中，而港澳特区很低。第一产业的占比在所有 11 个城市里均很低。第二产业和第三产业分区界限明确，已形成以香港特区、澳门特区、广州、深圳为核心的现代服务业核心区和以珠海、东莞、佛山为核心的制造业核心区。

3.2 "9+2"各城市产业特征分析

3.2.1 各城市主导产业概述

3.2.1.1 香港特区主导产业

(1) 金融业。香港特区聚集了全世界多家知名银行,同时世界银行等国际机构也在香港特区设立分行,体现出香港特区国际金融中心的地位。香港特区作为亚洲金融的翘楚,在基金投资等方面发展良好。香港特区资本市场稳健成熟,可以为企业提供融资选择,同时也为世界上的投资者提供了许多投资机会。

2017年,香港特区的债券市场与内地的债券市场实现共通,"债券通"的推出是继"沪港通"与"深港通"后香港特区与内地加强金融合作的一个新的机遇,香港特区利用其国际金融中心的地位聚集国际资金,然后作为一个配置的中转站将更多的资金投入到内地的建设中。在证券的发展上,根据香港特区证监会网站披露的信息,截至2017年1月,香港交易所上市企业的市值以4.35万亿美元排名全球第七(亚洲第三)。在资产业务管理上,香港特区2016年的业务总额为12.824万亿元,比2015年增长4.6%,私人财富管理业务总额为5.203万亿元,比2015年上升9%。

(2) 旅游业。这几年来旅游业对香港特区GDP的增长贡献率为4.5%~5%。1997年内地访港人次是236万,到了2017年,这一数字已经飙升至5847.2万,是1997年的24倍。自2012年以来,香港特区酒店的入住率一直保持在85%以上。香港国际机场是亚太地区最繁忙的机场之一,由于过境免签的原因,很多内地游客将香港特区选为出境的第一站。随着内地居民赴港签注的便利性不断增加,香港特区旅游最大的变化特征就是内地访港游客占比越来越高,成为中坚力量。香港特区是实行免税的地区,一些物品的价格与内地有一些差距,而且人民币与港币的汇率也使香港特区购物更加便宜,因此,吸引了内地许多游客赴港或者利用中转免签的间隙进行购物,这也促进了香港特区零售业的发展。

(3) 物流业。贸易物流是香港特区四大支柱产业之一，在香港特区的经济发展中占有举足轻重的地位。但是香港特区的进出口额相差较大，出口额远远大于进口额。优良的港口为香港特区的贸易发展提供了良好的基础。对于大多数经香港特区流通的货物来说，香港特区可能并非是货物的目的地，但是香港特区以贸易摩擦阻力较小、货物通达性好、服务优良等优点，吸引大多数货物选择经过香港特区进行中转，从而使香港特区成为亚太地区贸易与物流的中转枢纽。

(4) 专业服务。香港特区 2018 年的生产总值为 2845317 百万港元，增长 3%。香港特区超过 92% 的 GDP 由服务业创造，这个比例在世界所有经济体中是相当高的，是世界发达经济体的显著标志。香港特区有多所高校排名进入世界前列，培养了大量的人才，同时通过"优才计划""专才计划"等人才引进政策，邀请一些在专业技术上有较大建树的人才加入到香港特区的社会发展中。由于拥有企业管理及各服务行业的专业人才，专业服务一向是香港特区最具竞争力的行业之一，其中法律、会计、建筑和相关工程以及医疗服务优势尤其突出。香港特区的专业人才拥有国际认可的专业资质、丰富的国际人脉网络和管理经验，并且熟悉国情及内地市场。香港特区专业服务业对本地 GDP 的贡献率已超过 5%，可媲美香港特区旅游业，且增长速度更快（见图 3-19）。

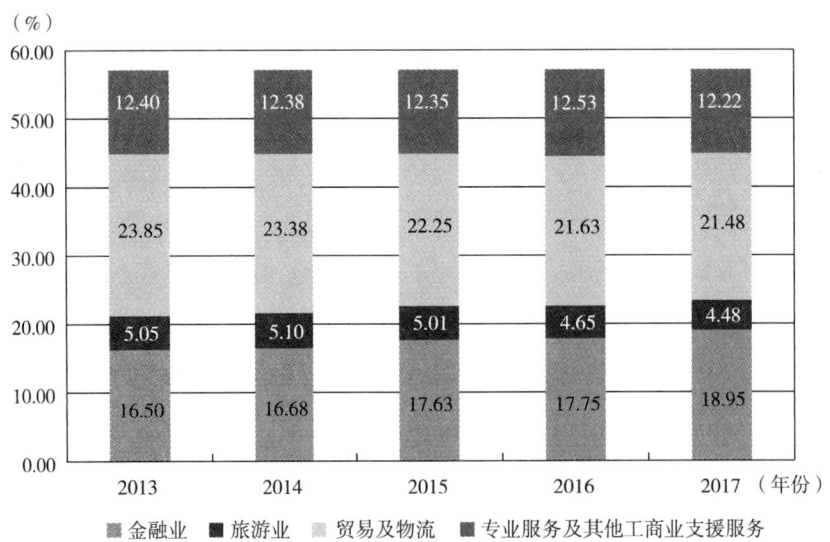

图 3-19　香港特区四个主要产业增长值占 GDP 情况

资料来源：香港特区政府统计处。

3.2.1.2 澳门主导产业

澳门特区经济很大程度上依赖博彩业,现时博彩业收益占澳门特区生产总值超过四成(见图3-20)。澳门特区作为国内唯一合法赌博之地,博彩收入已经是美国著名赌城拉斯维加斯的7倍。通过博彩业带动的旅游业也是澳门特区的主导产业之一。澳门特区也是中国人均GDP最高的城市,2018年当地生产总值为4403亿澳门元,人均本地生产总值为666893澳门元(约82609美元)。这座面积28平方公里、人口60万的小城,由于博彩收入大幅飙升,人均财富已于2002年超过瑞士,跃居全球第四。

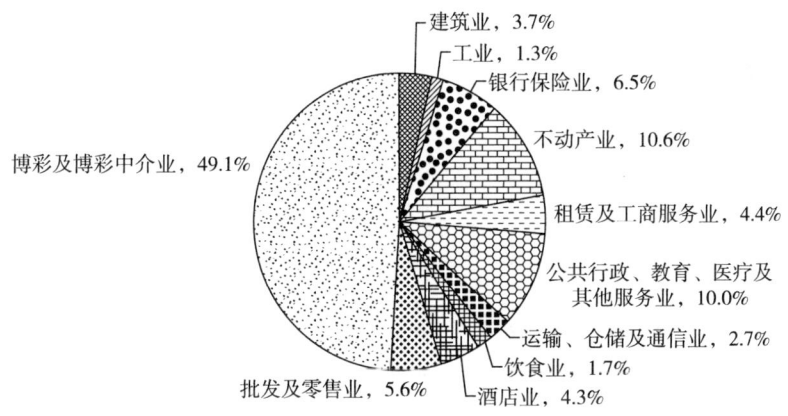

图3-20 澳门特区2017年行业结构

资料来源:澳门特区政府统计暨普查局。

3.2.1.3 广州主导产业

汽车制造业、电子产品制造业和石油化工制造业是广州传统的支柱产业(见图3-21),2017年三大支柱产业的工业总产值占全市比重为44.57%。2018年全年规模以上三大支柱产业的工业总产值增长4.0%,占全市规模以上工业总产值的比重为55.5%。其中,汽车制造业和电子产品制造业分别增长6.1%和2.8%,石油化工制造业下降0.2%。

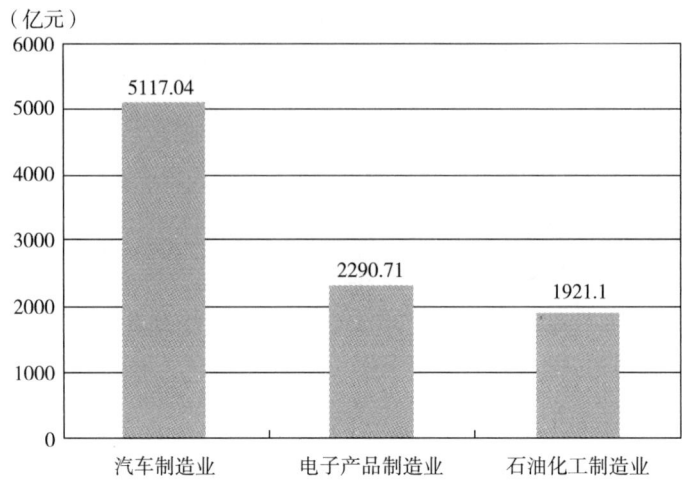

图 3-21 2017年广州三大传统支柱产业工业总产值

资料来源：广州市统计局。

近年来，广州通过采取完善金融规划政策体系、优化金融生态环境等一系列措施，不断强化金融聚集效应，在科技金融和普惠金融发展方面已形成一定特色，引导推动科技企业上市、路演、引入风投拓宽融资渠道等效果明显，以社区金融服务站、农村金融服务站为核心的多层次广覆盖的普惠金融服务体系基本建成。2018年末全市银行业金融机构本外币各项存款余额208051.16亿元，比上年末增长7.0%；各项贷款余额145169.39亿元，增长15.2%。

3.2.1.4 深圳主导产业

深圳四大支柱产业为：金融业、物流业、文化产业、高新技术产业。

(1) 金融业。深圳是深圳证券交易所所在地。深圳金融总资产、本外币存款余额、贷款余额均居全国第三位，VC/PE机构近5万家，注册资本约3万亿元，也是中国内地金融业占GDP比重最高的城市之一。金融业集聚区包括福田、罗湖、前海深港现代服务业合作区等，其中前海将打造我国金融业对外开放试验示范窗口。代表性企业包括中国平安、招商银行等。2018年，深圳金融业实现增加值3067.21亿元，同比增长3.6%，占GDP比重12.7%。

(2) 物流业。全国80%以上的供应链管理公司总部聚集在深圳，美国UPS、德国汉莎、丹麦马士基、菜鸟网络等60多家知名国际物流企业落户深圳。主要产业园区包括前海湾保税物流园区、盐田物流园区、大空港航空物流园、平湖物流基地、华南物流园等。代表性本土企业包括顺丰、怡亚通等。2018年深圳成为国家首批22个绿色货运配送示范工程创建城市之一。

(3) 文化产业。深圳是全国第一个获得联合国教科文组织"设计之都"称号的城市。工业设计、平面设计等设计产业全国领先,获国际设计奖数量蝉联全国首位。主要产业园区包括深圳国家动漫画产业基地、田面设计之都创意产业园、中芬设计园等。代表性本土企业包括华强文化科技、嘉兰图设计等。目前深圳市拥有文化企业近5万家,从业人员超过90万人,规模以上企业3000多家,境内外上市企业40多家。

(4) 高新技术产业。深圳的国家级高新技术企业数量约占广东全省的一半,形成了以电子信息产业为主导的高新技术产业集群。主要产业园区包括深圳高新技术产业园、深圳软件产业基地、深圳天安云谷产业园等。代表性本土企业有华为、中兴等。2018年,高新技术产业增加值8296.63亿元,增长12.7%。

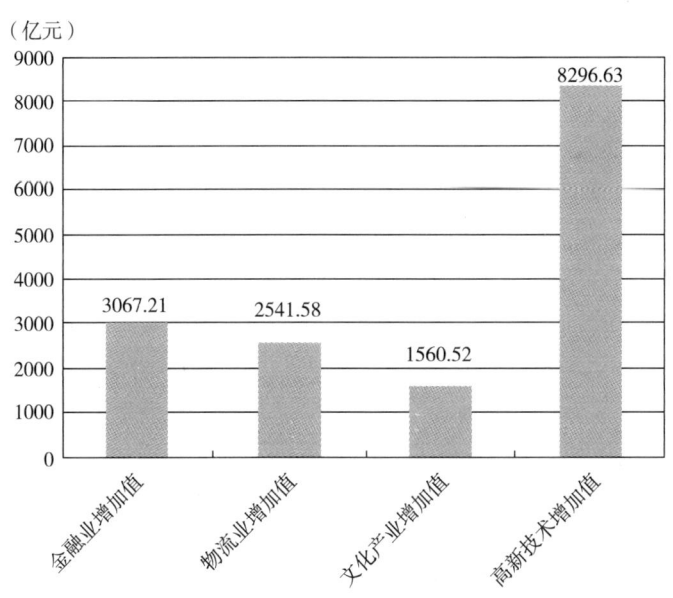

图 3-22 2018 年深圳四大支柱产业增加值

3.2.1.5 佛山主导产业

佛山市的主导产业是家电制造业,包括家电、陶瓷、铝型材、家具等,形成了较为完善的产业链。

3.2.1.6 东莞主导产业

（1）电子信息制造业。东莞电子信息制造业以计算机零部件及接口设备、电子元器件为主，配套率高达95%，部分产品在全球市场占有10%~40%的份额，已成为全球性电子信息产品制造基地。拥有台达、三星、京瓷、日立、先锋等一批世界500强企业以及聚信科技、步步高等国内知名企业。至今，电子信息制造业在传统五大支柱产业中一家独大，独占半壁江山。

（2）电气机械及设备制造业。拥有长安五金模具、虎门电子线缆、寮步汽车、横沥模具4个产业集群，聚集了一批技术先进、产业带动能力强的企业，如三星电机、金宝电子、京瓷美达、创基电业、柯尼卡美能达、华新电线电缆、中远船务、京滨、信浓马达等。

（3）纺织服装鞋帽制造业。30多年来，东莞纺织服装类经历了"无牌—贴牌—创牌—名牌"的过程，涌现出虎门"中国女装名镇"、大朗"中国羊毛衫名镇"、厚街"世界鞋业总部"等全国闻名的产业集群。以纯、松鹰、小猪班纳、搜于特、兴业、圣旗路、观奇等纺织服装企业，华宝、琪胜、跨日等鞋类企业快速成长。

（4）食品饮料加工制造业。东莞除了腊味、麦芽糖、东莞米粉、腐竹等驰名中外的传统产品外，饮料有可口可乐、雀巢、加多宝、日之泉，啤酒有华润、金威、珠江，饼干有嘉顿、华美、荣华、思朗，糖果有徐福记，糕点有圣心，方便面有七宝一丁、龙华日清等。

（5）造纸及纸制品业。东莞已建成中国最大的造纸及纸制品生产基地，拥有玖龙、理文、金州、银州等全国闻名的大中型企业。

3.2.1.7 珠海主导产业

珠海是珠江西岸的区域性核心城市，作为最早实行对外开放政策的四个经济特区之一，形成了电子信息、生物医药、家电电气、电力能源、石油化工、精密机械制造六大支柱产业。

（1）电子信息产业。2018年，珠海电子信息产业增加值增长7.2%。珠海的电子信息产业的产品主要包括移动电话、计算机、视听产品和电子元器件，业内知名企业有伟创力集团、松下通信、三美电机、紫翔电子等。

(2) 生物医药产业。2018 年珠海生物医药行业增加值比 2017 年增长 23.5%。珠海市生物医药产业在经济总量和企业数量上均排在广东省第三位，仅次于深圳、广州，远高于国内大多数省区的生物医药产业规模，是全国唯一的与港澳陆桥连接的"国家生物医药外贸特色产业集群"。

(3) 家电电气产业。2018 年珠海家电电气产业增加值比 2017 年增长 24.8%。格力电器股份有限公司是珠海家用电器产业的龙头企业。同时，珠海是我国最重要的空调生产基地之一，全球首创国际领先的超低温热泵中央空调，填补了国内空白，打破了美、日等制冷巨头的技术垄断。

(4) 电力能源产业。2018 年珠海电力能源产业增加值比 2017 年增长 7.0%。珠海的电力能源产业形成了较为坚实的发展基础，在配网自动化、智能用电与智能家居、新能源和微网、变电站自动化、信息与通信五大领域形成了一批优势企业和特色产品，在智能配电网装备多个细分领域保持着国际国内领先水平和较高的市场占有率。

(5) 石油化工产业。2018 年珠海石油化工产业增加值比上年增长 8.9%。珠海石油化工产业的发展具有鲜明的产业特色，珠海石化产业目前拥有精对苯二甲酸（PTA）和高级合成树脂两条核心的产业链，其中 PTA 产能全国第一，珠海的石化产业随着 PTA 项目的壮大而发展起来，高栏港已经成为华南地区主要的油、气、液体化工品集散中心，同时也是珠海石化产业集群的主要基地。入驻高栏港经济区石化行业的中外企业正在逐渐聚集成产业集群。BP 化工 PTA 项目的建成投产，对其下游聚酯企业产生了积极影响。据统计，在 BP 的示范带动下，已有超过 50 家下游企业落户珠海临港工业区，具有珠海特色的石化产业集群的雏形也在渐渐形成。

(6) 精密机械制造产业。2018 年珠海精密机械制造产业增加值比 2017 年增长 8.9%。珠海精密制造业企业主要分布在高栏港经济区、金湾航空产业园和斗门新青工业园等园区，其中的知名企业有佳能（珠海）公司、珠海摩天宇（MTU）航空发动机维修有限公司、兄弟工业、博世安保、松下马达（珠海）有限公司等。近年来，珠海精密制造业由前期精密制造外向型突破式增长战略转型升级为基于精密制造升级型突破式增长战略，并呈现出加速发展的势头。包括佳能、MTU、新明珠表业、罗西尼、西门子表计等一批骨干企业迅速成长，带动了全市精密机械制造业的发展，主要涉及航空航天、医疗、办公自动化、数码产品等领域。

3.2.1.8 中山主导产业

（1）高端制造业。近年来，中山的高端装备制造业发展较快，初步形成了以智能制造装备为主体的门类较为齐全、产业基础扎实、特色优势明显、集聚程度较高、具有较强竞争优势的产业体系。2017年，计算机、通信和其他电子设备制造业、通用设备制造业、电气机械和器材制造业这四大行业对全市规模以上工业增长贡献率达到77.4%。

（2）健康医疗产业。中山市有370多家健康医药企业，拥有国家健康基地、华南现代中医药城、中德（中山）生物医药产业园、翠亨医疗器械科技园等多个产业发展平台，已形成以生物医药、医疗器械、保健食品化妆品、健康服务业协同发展的四大产业集群格局，集聚了山德士制药、辉凌制药、九州通医药、完美日用品、曼秀雷敦、联邦制药等一批大型健康医药企业。

3.2.1.9 惠州主导产业

目前，惠州有电子信息、石油化工两大支柱产业，培育出TCL（中国第一个也是唯一一个只用英文名字注册的公司名称和品牌名称）、德赛、华阳集团等一批大型国有（控股）企业集团以及侨兴、富绅、中优网络、新航道学校等一批民营企业集团。两大支柱产业约占经济总量的三成，对经济发展起到了引导和推动作用。

（1）电子信息产业。从20世纪90年代初起，惠州便开始大力发展电子信息产业。目前，惠州制造的智能手机、液晶显示、车载电子等信息产品的产量、市场份额位居全国乃至世界前列，形成移动通信、汽车电子、平板显示、LED、新能源电池五大产业集群，先后获批为电子信息产业、数码视听产业等六个国家级特色产业基地，以及手机产业、液晶电视制造、"北斗"装备制造和应用产业等七个省级特色产业基地。惠州不仅培育了TCL、德赛、华阳、侨兴等知名电子信息产业企业，而且引进了三星、LG、西门子、比亚迪、索尼等著名企业。惠州拥有的两家主营业务超千亿元的企业（三星和TCL）均属于电子信息产业企业。

（2）石油化工产业。惠州以中海油、中海壳牌、科莱恩等为龙头推动着石油化工产业稳步发展。同时，惠州良好的港口资源助力了石化产业的发展，大亚湾石化产业基地被列为国家级七大石化产业基地之一,不断有项目进驻大亚湾石化区,同时还吸引世界知名的石化龙头企业壳牌参与中海油惠州炼化二期的建设。惠州炼化二期是我国在建规模最大的炼化一体化工程,项目总投资达466亿元。惠州二期工程顺利开工后,截至2017年,该项目的多套装置创下全国之最:400万吨/年国内加工能力最大的渣油加氢装置;190万吨/年国内已投用最大的航煤加氢装置;480万吨/年国内加工能力最大的催化裂化装置;240万吨/年全国最大的催化汽油吸附脱硫SZorb装置。一旦该项目全面投产,惠州大亚湾石化园区每年炼油能力将达2200万吨、乙烯能力将达220万吨,炼化一体化规模将跃升至全国第一。

3.2.1.10 江门主导产业

江门有五大产业:轨道交通、重卡和商用车、新材料新能源及装备、教育装备及电子信息、大健康(见表3-19)。

表3-19 2016年江门市五大产业集群基本情况

集群名称	2016年产值	主要载体	龙头企业
轨道交通	15.87亿元	广东省轨道交通产业	中车广东
重卡和商用车	185亿元	鹤山工业城	富华重工
新材料新能源及装备	480亿元	江门国家高新区台山工业新城	科恒实业
			长优实业
			地尔汉宇
教育装备及电子信息	249亿元	滨江新城	海信电子
大健康	382亿元	江门国家高新区	—

从表3-19可以看出,2016年产值突破300亿元的有新材料新能源及装备、大健康产业,重卡和商用车产值也接近200亿元。2018年,江门五大产业加快发展,新引进投资超亿元的装备制造业项目61个,投资总额448.84亿元,其中投资超10亿元项目16个,投资总额338.9亿元。中车广东公司股权调整工作取得突破性进展,获得CRH6A三级检修资质,新签订珠三角城际、深圳6号线等订单39.71亿元;台山核电1号机组具备商业运营条件,成为"EPR全球首堆工

程""中国经验世界共享"的典范。新增省智能制造试点示范项目6个,总数达8个,"省长杯"工业设计总决赛入围和获奖作品数量均排在全省第2位。

3.2.1.11 肇庆主导产业

新能源汽车、先进装备制造业、环保产业是肇庆市的三大主导产业,目前已形成了"一核、两带、三板块"的主导产业布局。2018年上半年,肇庆三大主导产业分别完成产值171.3亿元、107亿元和71.3亿元。当前,肇庆在市内的高新区加快建设新能源整车生产基地,预计2019年底建成投产。肇庆的先进装备制造业产业链条完备,具有较强的磁吸效应。近年来,涌现出广东鸿图、广东鸿特、怀集登云汽配村家A股上市企业,遨优动力、合普动力、嘉利车灯等一批细分行业领军企业。具备从"做大做强"向"做优做精"跨越的条件。目前,肇庆是广东省内唯一将环保产业定位为主导产业的地级市,重点发展环境装备制造业、环境服务业。

3.2.2 产业特征分析

"9+2"各城市的主要产业的比较分析见表3–20。

表3–20 "9+2"城市主要产业比较表

城市\产业	金融	旅游	物流	专业服务	博彩	汽车制造	石油化工	电子信息设备	家电电气	纺织	造纸	食品加工	生物医药	电力能源	精密机械	文化产业	高新技术产业	环保产业
香港特区	√	√	√	√														
澳门特区					√													
广州	√					√	√											
深圳	√		√													√	√	
佛山									√									
东莞								√	√	√								
珠海							√	√						√	√			
江门								√							√			
惠州						√	√											

第3章 大湾区经济结构与产业特征

续表

城市 产业	金融	旅游	物流	专业服务	博彩	汽车制造	石油化工	电子信息设备	家电电气	纺织	造纸	食品加工	生物医药	电力能源	精密机械	文化产业	高新技术产业	环保产业
中山						√		√					√					
肇庆						√												√
统计次数	3	2	2	1	1	3	3	6	2	1	1	1	3	1	1	1	1	1

总结粤港澳大湾区各城市的产业特征，有以下两点：

(1) 主导产业同质化发展趋势明显。根据产业出现次数的统计结果可知，出现频率最高的几个产业为：电子信息设备制造、汽车制造、石油化工、生物医药、家电电气和金融业。前5个行业有个共同特点，都属于制造业，并且集中在东莞、珠海、江门、惠州、中山这几个城市；另外一个出现率较高的行业为金融业，集中在GDP第一梯队的香港特区、广州、深圳。虽然产业集中有利于集聚优势的发挥，但是也不可避免地会带来恶性竞争的困惑。

(2) 产业发展结构较单一，层次较低。多数城市的主导产业不超过四个，而且产业特点接近，导致结构单一。一旦某个主导产业发展不景气，整个经济就会受到很大影响。而且主导产业大多层次不高，尤其在珠三角的几个制造业为主的城市，主导产业多为电子信息设备制造、汽车制造、石油化工等传统行业，高新技术产业发展水平不高。在这些制造业领域里，世界知名的企业和品牌不多。

3.3 "9+2"各城市发展难点

3.3.1 各城市发展难点概述

3.3.1.1 香港特区发展难点

(1) 产业结构不合理，需要优化升级。主要表现在香港特区的产业结构分化严重，第三产业占比过高，本地制造业对香港特区经济社会发展贡献较低，过度的"去工业化"使香港特区的经济失去了实体的基础。过多地依赖金融业的发展，如果国际金融环境发生变化，产生的影响可能波及整个香港特区。1998年国际金融危机就是明证。

（2）面临越来越激烈的竞争。在贸易与物流的发展上，香港特区面临着新加坡、"东南亚四小虎"等周边国家和地区的竞争。在当今社会比较流行的电子商务领域，香港特区公司已经落后于内地的阿里巴巴、腾讯、百度，香港特区过去充当的贸易中心的角色，受到了新型电子商业模式的冲击。

（3）旅游业面临转型困境。香港特区一直是闻名世界的国际性旅游中心，旅游业在香港特区国民经济中占有重要地位，在国际旅游业发展方面也起着很大的作用。统计资料显示，目前，香港特区旅游业存在明显的以购物消费和中国内地游客为主导的倾向，这不利于香港特区旅游业向高层次的方向转型升级，也不利于香港特区作为国际旅游中心的进一步建设。

3.3.1.2 澳门特区发展难点

（1）经济结构单一，过于依赖博彩业，其他产业发展空间和后劲不足。澳门特区希望成为旅游中心城市，但其旅游业某种意义上乃是由博彩业带动，无法形成单独的产业。事实上，没有大的经济体系支撑，在自然、人文旅游资源均不丰富的澳门特区，发展旅游业难度较大。

（2）空间发展的瓶颈。澳门特区是世界上人口密度最高的地区之一，人口持续增长严重考验着狭小的城市空间，暴露出本土土地资源不足、岛内基础设施滞后、绿地和滨海开放空间匮乏等问题，面临着城市可持续发展的多方面挑战，需要人居和生态环境的整体改善。现在中央政府对澳门特区提供了开发横琴岛等支持，可以在某种程度上缓解澳门特区土地资源不足的困难，但横琴岛若要发展到目前澳门特区主城区的程度，还需要很长一段时间。

（3）主导产业存在资本国际化与游客内地化的矛盾。澳门特区博彩业通过经营权开放，引进国际资本，实现了博彩业资本国际化；但同时博彩业对内地游客的依赖性快速增强，游客日益内地化。回归之初，澳门特区所有游客中，内地游客占比不到1/4。自由行政策推行以来，内地游客总量和比重都持续上升。2018年中国内地人数占比70.6%，比2017年增加了2.5%；香港特区游客占比

17.7%，比2017年减少了1.2%；其他国家的游客人数占比11.7%，比2017年减少了1.3%。

3.3.1.3 广州发展难点

（1）缺乏面向全国或全世界大市场的龙头企业和有竞争力的产品。在IAB、NEM等高新技术产业发展中，存在龙头企业偏少、集聚水平偏低、中高端人才缺乏等短板。广州目前存在着金融政策的覆盖面仍比较窄、金融配套政策仍不够完善、服务保障还不到位、人才交流和合作的氛围较弱的短板。与上海、北京、深圳等金融发展较快的城市相比，广州对高端金融人才的吸引力较弱。所以，目前尚未能形成"大规模生产、大规模销售"的工业化模式，低效的劳动生产率使工业仍成为创造就业机会的主要部门（2016年末统计，全市从业人员构成为第一产业7.43%、第二产业35.09%、第三产业57.48%），虽然第三产业从业人员占比最大，但第二产业从业人员占比也还是偏高，在促进服务业方面缺乏有效的支撑力。

（2）对提高竞争力起关键作用的高新技术产业发展缓慢，发展后劲不足。对经济发展、提高效率和开拓新消费领域起决定作用且代表世界经济发展方向的高新科技行业——电子信息业和生物化学工程技术，发展尤不理想。广州经济正面临转型，无论是工业还是服务业，作为战略性前沿技术和颠覆性技术的区块链还有待探索，对于新能源汽车的推广应用还面临技术障碍，新能源高效节能产业产值偏低。高水平、高附加值、具有较强国际市场竞争力的高新技术产品不多，尚不能对经济发展特别对开拓新消费领域和提高生产率起更大的推动作用。

3.3.1.4 深圳发展难点

深圳发展最主要的难点是资源环境承载力不足。深圳作为一个人口即将突破2000万的超大型城市，不管是自然环境承载力，还是土地资源发展都面临不足的问题。深圳全市面积为2000多平方公里，在一线城市中土地面积最小，仅为上海的1/3、广州的1/4、北京的1/8，土地资源稀缺导致城市发展难以为继。深圳设立经济特区后经过30多年的发展，土地开发强度已远远超出国际标准。土地资源限制，意味着深圳无法很好地调动及整合各方资源以满足自身发展需要。加上自深圳开始查处违建以来，违建数量不但没有减少，反而大幅增加。多年来持续填海100多平方公里，虽带来了一定的发展空间，但是也造成了海洋环境破坏的后果。深圳市在经历了 1992 年原特区内全面城市化和 2004 年全市全面城市化转地之后，因为城市化转地的不彻底，土地权属问题复杂，产生了大量历史遗留问题，现行土地二次开发模式难以解决所有问题。

3.3.1.5 佛山发展难点

（1）产业结构重复。佛山以传统产业为主，主要靠低成本进行集聚，以内源经济为主，产业组织分散，企业重复建设和资源浪费现象屡见不鲜。企业之间竞相仿冒，产业技术含量低下。

（2）研发能力薄弱。目前佛山的企业规模比较小，资金实力薄弱，人才储备缺乏，支柱产业主要依靠产业规模上的相对优势，没有技术上的绝对优势，核心科技和关键储备大多依赖进口或被外方控制，在国际分工中处于产业链中低端。

（3）融资困难。佛山大多数企业属于民营中小企业，企业整体资金不足。许多企业主要的资产都抵押在金融机构，已经不能再抵押。而且有些企业是在租赁土地或者没有土地产权的土地上建办公实业，真正属于自己的不动产数量不多，通过银行抵押不动产融资，远不能满足企业生产的需要。

3.3.1.6 东莞发展难点

（1）产业结构不合理。东莞在长期经济发展中逐步形成"三来一补"的低端制造业，主要以劳动密集型低端制造业为主，技术密集型与资金密集型的制造业发展缓慢。东莞的制造业结构比重偏向轻工业，重工业比例偏低，轻、重工业比例失衡。工业产品主要以出口加工贸易为主，产业生产技术水平比较低，产品技术含量与附加值不高。而且，制造业发展严重依赖电子信息制造，发展不均衡。数据显示，2018 年，东莞工业五大支柱产业实现增加值 2706.73 亿元，增长 7.7%。其中，仅长安镇和大朗镇的规模以上电子信息产业工业总产值总和就已达 1890.9 亿元，其余四大支柱产业占比更小。

（2）制造业研发力度弱，创新能力低。东莞大多数制造企业的研发能力和创新能力不足，制约了制造业和整体经济的发展。大多数企业在产品开发方面的人力、物力、财力的实际投入比较少，所谓的研发支出大多数都是设备购置费，导致东莞企业制造的产品技术含量不高，缺乏核心产品。

（3）发展方式粗放。众所周知，东莞模式主要是靠资本、土地、劳动力等传统要素投入来实现经济增长的。在这三大要素中，除了资本外，土地、劳动力供给条件都发生了重大变化。与粗放式发展方式相伴随的是高排放、高污染。东莞在经济快速发展的同时，也付出了极高的环境代价。相关资料表明，东莞的环境承受力也接近了极限。

（4）资源制约明显。受国内、国际市场供应的影响以及重工业化的加速，东莞资源、环境双约束和经济增长矛盾不断加剧，近年遭遇的几番"油荒"无不向东莞地区拉响了能源警报。

（5）对外来资本和国外市场的依赖程度过高。"三来一补"的主要特征是"两头在外、大进大出"，其优点是可以克服技术、管理和资金的不足迅速发展起来，缺点就是弱化了本地竞争力。一方面，研发、销售在外，缺乏自主创新能力和自己的销售渠道，也没有自己的品牌，只能赚取廉价的加工费，附加值较低，产业体系落后；另一方面，这一模式导致本地经济对外依存度高，经济受外部形势影响较大，存在较大的风险。

（6）特殊的人口构成制约了经济社会转型。东莞模式造成东莞人口构成主要面临两个方面的问题：一是户籍人口与"流动人口"比例严重倒挂。东莞的产业大军主要由非本地户籍的外来人口构成，这个庞大的群体具有很大的不确定性和游移性，对东莞的归属感和文化认同感十分有限。随着时间的推移，相当一部分人会选择离开，这势必会影响产业的稳定性。二是人口受教育程度低。东莞低端产业吸引的人口主要是文化程度较低的务工者，统计资料显示，在东莞的就业人口中，初中及以下文化程度人口占69.4%。总体文化程度偏低的人口构成，极大地制约了东莞经济社会转型和城市升级。

3.3.1.7 珠海发展难点

（1）产业结构不合理。企业总体规模不大、实力不强，没有形成集合上下游的产业链，难以产生聚集效应，未能很好地实现对本地产业的支撑作用。本地产业缺少规模大、实力强的大型、超大型企业，以中小企业居多，易造成同质竞争。大多数中小企业仍以来料加工为主，从事简单的组装加工，产品附加值低，缺乏技术含量。电子信息制造业增速受魅族科技等几个大企业影响较大。园区存在集群规模不强、产业交流氛围缺乏、上下游产业链及配套能力不足等问题。

（2）产业对外依存度较大。外资企业占比较大，全市130家亿元以上电子信息企业中，外资企业有73家，企业增速受外需市场影响较大。近年来，产业向外转移较快，外资企业选择成本更低的东南亚地区投资生产，光伏等领域的内资企业为规避贸易风险也开始向其他国家转移。产业发展所需的核心技术和重要部件，包括操作系统、磁性材料、存储设备等产品仍然大量依赖进口。

（3）自主创新能力不强。信息产业创新以应用创新为主，技术创新与产品创新有待加强。电子信息制造企业大量采用国外技术，模仿国外产品，产业转型困难较大；传统软件企业近几年发展平稳，但产品难以满足不断变化的个性化市场需求；随着人力成本不断上升，以及云计算、大数据、移动互联网等新商业模式和应用模式的冲击，企业盈利越发困难，向互联网和大数据转型势在必行，但企业在转型过程中研发投入大，盈利周期长很大程度上制约了企业的转型，导致产业整体创新活力不足，创新水平难以跨越式成长。

（4）高端专业人才缺乏。随着信息产业的升级发展，产业对高技术人员、技术研发人员、高水平技工人才和高素质人才的需求逐渐增加，尤其是微电子、半导体、通信等领域的高技术人才需求旺盛，互联网、电子商务以及计算机软件人才需求也在逐年增多。珠海市本地产业人才培养能力相对薄弱，难以满足产业对高端专业人才的需求，并且由于产业规模小，对人才的吸引力不足，高端人才的引进成本高，需求缺口大。

3.3.1.8　中山发展难点

（1）土地难以为继。截至2015年底，全市城乡建设用地669平方公里，超出土地利用总体规划2020年城乡建设用地规模（481）188平方公里，已占到市域面积的37%。人均城乡建设用地208平方米，远超国家标准，但地均GDP不到深圳1/3。用地粗放低效，受土地规模指标的硬性约束，原有的土地扩张模式难以持续。

（2）管理模式落后。虽然大部分村镇已基本城镇化，但中山仍保留市带镇的农业管理模式。各自为政、缺乏统筹、相对分散的扁平化管理模式，已无法适应现代社会管理的需求。规划管理上，由于缺乏法定的市域城市总体规划，导致市域城规与土规冲突较大，空间差异达355平方公里。各镇城规规模超出市域城规达165平方公里，各镇控规又超出各镇城规达186平方公里，规划管理与用地规模调控失序，进一步体现了目前管理模式缺乏统筹的弊端。

（3）金融服务不力。当前中山城乡金融体制分割、金融资源城乡配置不合理、金融服务向乡镇延伸渠道受阻的局面难以在短期内得到根本扭转，金融服务创新支持城乡统筹发展仍面临种种现实约束，如何顺利推进城乡金融服务一体化改革试点工作将面临诸多挑战。

3.3.1.9 惠州发展难点

（1）惠州产业结构单一。近年来受到外部经济形势和市场环境等因素影响，惠州两大支柱产业发展遭遇挑战，暴露出产业结构不合理、抗风险能力弱等问题。庞大的电子信息产业规模背后，大部分企业处于技术链、价值链低端，所生产的产品附加值不高，存在着研发能力薄弱，关键技术研发及产业化进展缓慢，技术相对落后，企业自主创新能力不强等问题。电子信息产业的竞争十分激烈，技术更新和产品换代速度很快，给企业生产经营带来不小的挑战。惠州首家"千亿企业"三星电子公司的手机产品就遭遇到了苹果、小米、华为等国内外手机品牌的冲击。石化产业则存在着中下游产业薄弱，终端产品中高端化、专用化、精细化比例偏低，产品附加值相对较低等问题。

（2）产业效益整体偏低。目前惠州全市69个乡镇（街），拥有58个工业集中区，重复建设、环境保护压力等问题突出，且产业层次不高，集约发展水平较低。产业园区大多布局分散、各自为政，规模小、产业分工不明显，同质化严重。同时，很多园区由于配套资金及招商引资不到位，园区开发多年发展缓慢，普遍存在"有名无实""有园无业""有业无链"的发展困境。除七个省级以上产业园区外，其他园区多以服装制鞋、灯饰、建材等劳动密集型产业为主，处于产业链低端，产品科技含量普遍不高。另一个突出的现象是：除两个国家级开发区外，其他园区土地亩产效益较为低下。在2014年，全市园区平均投资强度180万元/亩，产出率仅为185万元/亩。面临着园区地价逐步走高、土地资源紧缺的问题，园区承载力和产业环节的"空间解构"均对未来发展提出了巨大挑战。惠州产业园区粗犷的发展模式已面临难以为继的窘境。

3.3.1.10 江门发展难点

（1）产业层次低下，环境污染严重。江门错过了珠三角20世纪80年代和21世纪初的两次发展机遇，目前的企业偏重于机电、化工、造纸等污染性较大的产业，尤其西江沿岸盘踞许多化工电镀企业，对环境污染严重。金融及服务业等第三产业发展缓慢，先进制造业、战略性新兴产业对地方经济的拉动作用仍然不大。

（2）中小企业面临产能过剩和资金周转难的双重挑战。江门中小企业多，盲目的多元化发展导致资金分配不集中、资金周转不灵。银行对中小企业信贷持审慎的态度，有些企业为了能及时还款，不得不通过其他融资渠道高息借款，背上另一笔更加沉重的负担。

（3）技术创新弱。传统制造业普遍存在技术水平低下的弱点，江门市的制造业也不例外，加上企业自主开发能力较薄弱，总体研发投入不足，缺少自主知识产权的高新技术，对国外先进技术的消化、吸收、创新不足；装备水平和工艺自动化生产程度低，关键技术装备总体相对落后，生产效率相对低下，导致江门现在的工业体系依旧落后。这些制约了江门主导产业对江门经济的带动作用，也为江门产业吸引投资增加了困难。

（4）江门经济发展水平在粤港澳地区相对落后。在改革开放之初，江门市经济发展很快，但随着发展带来的问题的扩大，江门市的经济增长开始落后于其他城市，甚至被赶超。总体来说，江门经济规模偏小，现在的经济总量位于粤港澳地区的中下游，随着产业结构的调整，发展动能更是比不上其他城市，经济发展质量和效益不高、发展不充分不协调等问题比较突出。

3.3.1.11　肇庆发展难点

（1）工业仍处于产业结构调整阵痛期。2017年，受钢铁去产能、国家调整"两废"政策、空气质量综合治理等影响，全市的"地条钢"生产企业、再生资源企业、陶瓷企业、印染企业等超过100家企业停产或减产。传统产业在萎缩，而高技术产业等新生动力尚未形成，产业结构调整阵痛期仍将持续一段时间。广东省企业联合会、广东省企业家协会联合发布了2017年广东企业500强，上榜的肇庆企业只有区区5家，而且排名还靠后。经济创新动力不足。

（2）地理位置偏远且发展不平衡。肇庆区位便利性不佳，而且山丘众多影响开发建设。三大主导产业发展不平衡，区域发展也不平衡，尤其肇庆的西北区域与珠三角核心地区的发展水平相比，差距较大。

（3）工业增长后劲仍显不足。一是新增增量拉动力较弱。2018年，新投产达标入库工业企业10家，新增工业产值18.07亿元。二是先进装备制造业增势低缓。2018年，全市先进装备制造业完成增加值同比仅增长2.4%，比全市平均水平低了5.5个百分点。三是企业资金周转减慢。2018年，全市规模以上工业资产负债率51.53%，比2017年上升了2.5个百分点；全市规模以上工业产成品存货周转天数13.27天，比2017年增加了0.4天。

（4）房地产销售市场预期压力较大。一是房企资金压力增大。2018年，肇庆市房地产企业的实际到位资金同比增长58.5%，增幅较2017年回落18.6个百分点，低于房地产开发投资增速（67.3%）8.8个百分点，表明房地产企业面临的资金压力比较大。二是消费需求后续支撑预期不足。肇庆市是一个人口增量较少的三、四线城市，本地的刚性需求已在近两年火热的行情中得到较大程度释放，在国家持续的政策限控影响下，商品房销售热度从2018年第四季度起出现较为明显的放缓现象，未来的房地产市场要稳定运行将会面临较大的压力。

（5）消费调整影响仍将持续。一是批发业仍面临持续回落。受国家环保政策影响，再生资源类批发业企业的营业状态仍难有好的改善；网商直销的发展，使实体批发业企业发展壮大更为艰难。二是网络销售有回落趋势。受大型网络销售公司增速回落影响，限额以上单位网上商品零售可比增速比2017年回落6.3个百分点，拉动力同比回落0.6个百分点。三是汽车销售低位增长。全市汽车保有量持续增加，市民需求减少，同时受购房等其他大宗消费的挤出影响，汽车销售同比仅增长3.7%，比上年回落5.3个百分点，拉动力减弱0.3个百分点。

3.3.2 主要原因分析

（1）缺乏统一协调规划。粤港澳大湾区各个城市几乎都面临产业结构不合理的难题，集中表现在产业结构较单一，同质化发展现象严重，各自为战。各个地市的主导产业虽然有一定的产值，但与国际先进水平相比，还存在较大差距，层次普遍不高。这个问题产生的主要原因是粤港澳大湾区的发展缺乏统一协调规划，虽然前前后后出台过很多的规划文件，但缺乏落实的有效抓手。

（2）忽视生态环境保护。多年来，在大力开展经济建设的同时，或多或少地忽视了对生态环境的保护，造成环境持续恶化、自然资源相对短缺、环境风险持续上升。产业转型升级面临着生态环境限制难题，降低了可持续发展能力。

3.3.3 解决思路

（1）推动产业结构的多元化和转型升级。粤港澳大湾区各地市需要抓住生态文明建设和大湾区规划政策出台带来的新机遇，推动产业结构的多元化和转型升级，培育新的支柱产业。

（2）绿色金融带动经济与环境协同发展。优良的生态环境是支撑粤港澳大湾区经济社会可持续发展的先决条件，也是最公平的公共产品和最普惠的民生福祉。若要破解产业转型升级和可持续发展难题，绿色金融是行之有效的主要抓手。

3.4 本章小结

粤港澳大湾区地区间经济发展水平不均衡，"9+2"城市可分为三个梯队，各个梯队之间差异都是两倍左右，产业发展水平区域差异较大。城市之间主导产业同质化发展趋势明显，产业发展结构较单一，层次较低。问题产生的主要原因是缺乏统一协调规划，忽视生态环境保护。主要解决思路为：推动产业结构的多元化和转型升级，通过绿色金融带动经济与环境协同发展。

第4章 区域环境经济协调发展的促进措施

在我国经济社会发展新常态背景下,沿海地区经济、社会、环境酝酿转折性调整,向知识经济、现代化阶段迈进的资源环境约束明显加剧,通过第2章、第3章的分析可知,粤港澳大湾区的发展与国际知名湾区还有差距,内部的产业结构也不尽合理,以绿色发展推动粤港澳大湾区建设成为我国当前面临的重大课题。本章比较了几种主要的区域环境经济协调发展促进措施;从粤港澳大湾区发展建设中的各项刚性需求入手,分析绿色金融合作的必要性;并简述国内外绿色金融合作的实践进展。

4.1 主要促进措施介绍

4.1.1 产业政策

产业政策以"赶超发达国家的手段"为后发国家所大量运用,是一种典型的政府干预市场行为。自1989年国务院颁布《产业政策大纲》以及《关于当前产业政策要点的决定》以来,24年的时间里我国先后出台并实施了大量的产业政策,但是许多的产业政策逐渐被检验出有效性缺失,甚至对产业发展产生了负面作用。在产业政策制定和政策执行方面面临的"政府失灵"问题使我国产业政策被扭曲和异化,呈现出对产业"越调控越失控"的奇怪现象。而在中共十八届三中全会之后,政府将逐渐减少对市场的过分干预并着力于构建健全的市场机制，使市场在资源配置中起决定性作用。这将为制定并实施合理科学有效的产业政策，促进我国产业转型升级和长远发展奠定良好的基础。

但是，产业政策也存在很多负面影响，中国特色的产业政策是部委纵向支持与地方横向竞争的结合体，让行业快速崛起，但往往导致过度进入。政府出于经济发展或其他目的对私人产品生产领域进行的选择性干预和歧视性对待，其手段包括市场准入限制、投资规模控制、信贷资金配给、税收优惠和财政补贴、进出口关税和非关税壁垒、土地价格优惠等，造成了很多事实上的不平等。

4.1.2 环保督察

（1）国家环保督察总体开展情况。环保督察是党中央、国务院关于推进生态文明建设和环境保护工作的一项重大制度安排，通过督察，重点了解省级党委和政府贯彻落实国家环保决策部署、解决突出环境问题、落实环境保护主体责任情况，推动被督察地区生态文明建设和环境保护，促进绿色发展。在具体督察中，坚持问题导向，重点盯住中央高度关注、群众反映强烈、社会影响恶劣的突出环境问题及其处理情况；重点检查环境质量呈现恶化趋势的区域流域及整治情况；重点督察地方党委和政府及其有关部门环保不作为、乱作为的情况；重点了解地方落实环境保护党政同责和一岗双责、严格责任追究等情况。2015年7月，中央深改组第十四次会议审议通过了《环境保护督察方案（试行）》，明确建立环保督察机制，规定督察工作将以中央环保督察组的组织形式，对省区市党委和政府及其有关部门开展，并下沉至部分地市级党委政府部门。此后环保督察工作陆续展开。

2015年底至2017年底，中央环保督察完成全国31个省（区、市）的全覆盖。2018年5月30日，第一批中央环保督察"回头看"的大幕拉开，督察组陆续完成对河北、内蒙古、黑龙江等10省区的进驻。进驻期间，4305人被问责。12月6日，第二批中央环保督察"回头看"五个督察组完成了对山西、辽宁、吉林等10个省份的督察进驻，问责2177人。2018年在刑事检察领域，共批准逮捕涉嫌破坏环境资源保护罪15000多人，起诉42000多人。2018年环保督察，主动曝光环境问题成为新常态。两批"回头看"已公开通报典型案例103个，再加上城市黑臭水体治理、清废行动、蓝天保卫战等曝光案例，数量更是可观。生态环境部表示，从 2019 年起，用三年左右时间完成第二轮中央生态环境保护例行督察，再用一年时间开展"回头看"。在第二轮督察中，将适当拓展督察范围，将有关部门和企业纳入督察。

从 2015 年底至 2017 年，第一轮中央环保督察进驻期间，共问责党政领导干部 1.8 万多人，受理群众环境举报 13.5 万件，直接推动解决群众身边的环境问题 8 万多个，涉及垃圾、油烟、恶臭、噪声、散乱污企业污染，以及黑臭水体等环境问题。用生态环境部部长李干杰的话说，中央环保督察达到了"百姓点赞、中央肯定、地方支持、解决问题"的效果，"成效毫无疑问是非常显著的，尤其是整治那些散、乱、污企业，比较好地解决了一些地方突出存在的'劣币驱逐良币'的问题，大大提升了这些行业产业发展的规模和效益"。李干杰介绍，中央环保督察还促进了地方产业结构的转型升级。很多地方把中央环保督察当成推动绿色发展、推进供给侧结构性改革的很好契机和动力，借此机会加强企业的污染防治，内化环境成本，让守法企业有了一个更加公平的竞争环境。

但是，环保督察也有很多负面效果。环保督察风暴来了，部分地方养殖场被强制拆除关停，可里面的牲畜和家禽一时半会儿卖不掉，养殖户不得不承受巨大的经济损失。地方环保"一刀切"，污染企业和违法企业被断水断电，正在加工的半产品变成了废品，既造成了浪费，又埋下了安全隐患。查扣农民的收割机和脱粒机等，导致粮食不能及时收割和处理，发霉变质，农民的生计遭遇困难。这种简单粗暴的环保执法情况在不少地方出现，有些甚至违反了执法程序。这种只图一时之快，不计后果和影响的行为，很容易影响环保执法的权威性和及时有效性，甚至会引发民众的反感和效果的反弹。

（2）粤港澳地区环保督察开展情况。

一是历次环保督察情况。2016 年 11 月 28 日至 12 月 28 日，中央第四环境保护督察组对广东省开展了环境保护督察工作，本次督察发现广东省存在违反危险废物管理防治有关规定（91 例）、没有经过环评审批（32 例）、违反排污口设置规定（30 例）、未建设污染处理设施（26 例）、未采取措施防止排放 VOCs（23 例）、小散乱污企业（20 例）、不正常使用污染处理设施（18 例）等情况，并于 2017 年 4 月 23 日将督察发现的 16 个生态环境损害责任追究问题移交广东省。对此，广东省环境保护厅表示，被督察地市环保部门高度重视督察组交办案件，积极调查处理，及时跟进整改进度。自6月督察启动，截至10月19日，已立案1736宗。其中，查封扣押101宗，移送行政拘留17宗，移送涉嫌环境污染犯罪5宗，取缔关闭87宗。2018年6月5日至7月5日，中央第五环境保护督察组对广东第一轮中央环境保护督察整改情况开展为期一个月的"回头看"，针对固体废物环境问题统筹安排专项督察，并于2018年10月19日正式向广东省反馈了督察意见。本次督察的地区范围包括广州、深圳、佛山、东莞、珠海、惠州、江门、中山、肇庆，主要是对广东第一轮中央环境保护督察整改情况开展为期一个月的"回头看"，针对固体废物环境问题统筹安排专项督察。重点督察经党中央、国务院审核的中央环境保护督察整改方案总体落实情况、督察整改方案中重点环境问题具体整改进展情况以及生态环境保护长效机制建设和推进情况。重点盯住督察整改不力，甚至"表面整改""假装整改""敷衍整改"等生态环保领域形式主义、官僚主义问题；重点检查列入督察整改方案的重大生态环境问题及其查处、整治情况；重点督办人民群众身边生态环境问题立行立改情况；重点督察地方落实生态环境保护党政同责、一岗双责、严肃责任追究情况。

二是典型处罚案例。2015年1月4日，广州市实施了全国第一宗查封扣押案件，打响了落实新环保法的全国第一枪。当日，广州市环保局和白云区环保局联合行动，执法人员现场查封两家违法排污企业。2015年9月23日，广州市环保局与花都区环保局联合查处了花都区一家地下无证电镀厂，依法现场查封，并移送公安机关侦查。据悉，该电镀厂车间内的镀镍槽、发黑槽和厂房废水排放口排放的废水含有氰化物、镍、锌等污染物，其中氰化物超标14.1倍、镍超标24.4倍、锌超标2.38倍。2015年4月10日，南沙区环保局根据3月18日的检测结果（外排废水中的pH值、CODcr、BOD5、锌、镍浓度均超过相应排放标准，水污染物超标排放），责令优蒂利（广州）汽车配件有限公司改正违法行为并送达处罚决定书。环保部门告知其按照新环保法规定，在送达责令改正违法行为决定书之日起30日内将进行复查，复查不达标将按日计罚。4月23日，离责令其改正违法行为过去13天，南沙区环保局复查发现该厂排放的废水中锌离子浓度仍然超标。9月23日，按照规定，南沙区环保局依法对该公司发出按日连续处罚决定书，对该厂4月11日起至4月23日止，共计13天内拒不改正违法排放污染物的环境违法行为，实施按日连续处罚，每日处罚款人民币58752.75元，共计罚款763785.75元。位于惠州市惠城区小金口的朱某宝石加工作坊，车间面积约15平方米，该作坊于2015年7月开始宝石加工，未取得任何环保审批、未配套建设污染治理设施，染色废水未经处理直接排放至下水道。2015年9月28日，省环保厅责成地方环保部门依法严肃查处，监测结果显示：外排废水化学需氧量超标37倍、总铬超标29.2倍。经查，小金河河水变红系朱某宝石加工作坊非法排放染色废水所致。惠城区环保分局于9月28日依法对该非法宝石加工作坊进行查处，责令其立即停止排污。依据刑法及有关司法解释的规定，朱某非法排放废水重金属超标3倍以上，涉嫌构成环境犯罪。惠城区环保分局依法将案件移交公安机关查处，目前涉案人员朱某已被检察机关批准逮捕。2017年11月7日，肇庆市环境保护局执法人员依法对肇庆市高要区顺胜陶瓷有限公司（以下简称顺胜陶瓷公司）进行检查，发现该公司二车间技术改造项目于2016年10月19日经高要区环境保护局审批，但至检查时该项目还没有通过环保验收，该项目从2016年10月26日开始试生产至检查时。经执法人员进一步调查，顺胜陶瓷公司未经高要区环境保护局同意其试生产，便擅自从2016年10月26日开始试产至2016年12月初，停产一段时间后又于2017年4月复产至检查时。顺胜陶瓷公司的行为违反了建设项目环境保护"三同时"制度。2018年1月8日，肇庆市环境保护局作出《行政处罚决定书》（肇环罚字〔2018〕4号），对顺胜陶瓷公司处以20万元的行政处罚。顺胜陶瓷公司于2018年1月18日缴纳罚款。目前，顺胜陶瓷公司已自主完成建设项目竣工环境保护验收。

4.1.3 绿色金融

绿色金融指金融部门把环境保护作为一项基本政策，在投融资决策中要考虑潜在的环境影响，把与环境条件相关的潜在的回报、风险和成本都融合进银行的日常业务中，在金融经营活动中注重对生态环境的保护以及环境污染的治理，通过对社会经济资源的引导，促进社会的可持续发展。绿色金融有两层含义：一是金融业如何促进环保和经济社会的可持续发展，二是指金融业自身的可持续发展。前者指出"绿色金融"的作用主要是引导资金流向节约资源技术开发和生态环境保护产业，引导企业生产注重绿色环保，引导消费者形成绿色消费理念；后者则明确金融业要保持可持续发展，避免注重短期利益的过度投机行为。与传统金融相比，绿色金融最突出的特点就是，它更强调人类社会的生存环境利益，它将对环境保护和对资源的有效利用程度作为计量其活动成效的标准之一，通过自身活动引导各经济主体注重自然生态平衡。它讲求金融活动与环境保护、生态平衡的协调发展，最终实现经济社会的可持续发展。绿色金融与传统金融中的政策性金融有共同点，即它的实施需要由政府政策做推动。传统金融业在现行政策和"经济人"思想引导下，或者以经济效益为目标，或者以完成政策任务为职责，后者就是政策推动型金融。环境资源是公共品，除非有政策规定，否则金融机构不可能主动考虑贷款方的生产或服务是否具有生态效率。近几年来，"绿色金融"概念受到越来越多的金融机构（特别是银行）的追捧，成为社会各界普遍关注的焦点。

2017年国务院批复成立的五大绿色金融改革创新试验区政府，根据建设绿色金融创新试验区总体方案的要求，已陆续出台对发展绿色零售银行业务具有指导意义的构建绿色金融服务体系的实施细则，积极发展绿色零售银行业务。目前五大试验区做出的主要尝试如下：

浙江省湖州市、衢州市绿色金融改革创新试验区主要推进绿色消费等领域的绿色信贷产品创新；对发放科技型中小企业专项贷款的银行，给予贷款本金1%的利息补贴；为绿色小微企业发放的信用贷款给予一定比例的风险补偿；深化实施绿色支付工程，推动金融IC卡、网上银行、手机银行和手机支付、扫码支付等绿色支付方式在经济、政务、生活领域的广泛应用；政府出资组建政策性融资担保机构，重点支持小微绿色企业发展和新型经营主体发展。

广东省广州市绿色金融改革创新试验区主要探索新能源汽车绿色消费贷款产品，支持银行业金融机构创新小型货运车辆节油技改贷款产品。

贵州省贵安新区绿色金融改革创新试验区发展创新绿色惠农信贷产品；引导金融机构开展绿色惠农信贷产品创新和推广；推动中小型绿色企业发行绿色集合债，探索发行绿色资产支持票据和绿色项目收益票据等；鼓励银行科学设计绿色信贷产品，开展排污权抵押融资、国际碳保理融资、绿色中间信贷等产品创新。

江西赣江新区绿色金融改革创新试验区积极研发能源效率贷款等绿色信贷产品；探索设立中小微企业转贷基金和中小微企业"政银保"联动产品；支持发行中小企业绿色集合债，大力推广"财园信贷通""财政惠农信贷通"等信贷创新产品；引导信贷资源投向小微企业、"三农"、特殊群体等薄弱领域；加大支农再贷款、支小再贷款、扶贫再贷款支持，引导加大绿色信贷投放。

新疆维吾尔自治区哈密市、昌吉州和克拉玛依市绿色金融改革创新试验区推进适合生态农业等领域的绿色信贷产品创新，鼓励开展绿色信贷资产证券化；对符合条件的绿色项目贷款，优先给中小微企业担保支持，大力发展能效信贷等领域的绿色信贷产品创新；针对个人积极开展绿色住房按揭贷款等创新产品的运用，引领个人绿色消费。

绿色金融现在的缺点（例如效果还不明显、覆盖面不广），主要是由于自身发展还不充分，较少由于政策本身的缺陷。

4.2 主要促进措施比较分析

从政策的可操作性、时效性、负面影响、可持续性等几个方面，对区域环境经济协调发展主要措施进行对比分析，详见表4-1。

表4-1　区域环境经济协调发展主要措施对比分析

政策	可操作性	时效性	负面影响	可持续性
产业政策引导	中	中	中	中
环保督察监管	强	强	大	弱
绿色金融合作	中	强	小	强

可见，作为促进区域环境经济协调发展的主要调控手段之一，绿色金融合作在时效性、可持续性等方面具有优势，而且负面影响最小，在粤港澳大湾区的区域环境经济协调发展中，应该着重予以考虑实施。

4.3 大湾区实施绿色金融合作的必要性

4.3.1 贯彻国家宏观政策的外部要求

(1) 建设国际知名湾区的规划要求。根据《粤港澳大湾区发展规划纲要》，粤港澳大湾区的建设有利于全面贯彻党的十九大精神，全面准确贯彻"一国两制"方针，充分发挥粤港澳综合优势，深化内地与港澳合作，进一步提升粤港澳大湾区在国家经济发展和对外开放中的支撑引领作用，支持香港特区、澳门特区融入国家发展大局，增进香港特区、澳门特区同胞福祉，保持香港特区、澳门特区长期繁荣稳定，让港澳同胞同祖国人民共担民族复兴的历史责任、共享祖国繁荣富强的伟大荣光。湾区的发展需重视解决有限的资源环境承载力与长期发展之间的矛盾，在面临经济与环境协调发展的压力下，应不断探索与推进湾区发展模式的转变，因地制宜地挖掘湾区发展增长点，加快进行产业转型升级以及经济社会、资源、环境等整个社会生活的优化。环顾现有的旧金山、纽约、东京三大世界级湾区，无一不拥有优质的生态环境，并以此为依托建设高品质生活圈。

根据第 2 章的分析可知，粤港澳大湾区目前与纽约湾区、旧金山湾区、东京湾区相比，在生态环境方面还存在很大差距。因此，在经济高速发展的同时，如何维护好绿色生态，缩小与世界级湾区在环境质量方面的差距，成为粤港澳大湾区塑造"宜居宜业宜游"世界级城市群的关键。建设世界级湾区，生态环境质量也应该瞄准世界级水平。因此绿色金融合作发展，是粤港澳大湾区建设国家知名湾区的规划需求。

(2) 生态文明建设的要求。我国正逐渐意识到绿色发展和绿色基础设施建设的重要性。2015 年 9 月，中共中央政治局审议通过的《生态文明体制改革总体方案》中，提出要建立以绿色信贷、绿色债券、绿色基金为主要内容的绿色金融体系。2015 年 12 月，在中国的倡议推动下，G20 绿色金融研究小组成立，开始研究如何通过绿色金融调动更多资源加快全球经济的绿色转型，推动绿色金融的国际合作。2016年7月,绿色金融研究小组向在成都举行的财长和央行行长会议提交了《G20绿色金融综合报告》,发布的《G20财长和央行行长会公报》指出,将"提供清晰的战略性政策信号与框架,推动绿色金融的自愿原则,扩大能力建设学习网络,支持本地绿色债券市场发展,开展国际合作以推动跨境绿色债券投资,鼓励并推动在环境与金融风险领域的知识共享,改善对绿色金融活动及其影响的评估方法。"2016年9月4日,G20杭州峰会首次将绿色金融"中国方案"纳入G20议程,绿色金融越来越受到世界各国的高度关注。

目前,我国在国家可持续发展战略层面上已明确了绿色金融的重要地位。党的十六届三中全会提出要建设生态文明,党的十七大报告把生态文明建设作为全面建设小康社会的一项重要目标,党的十八大进一步把生态文明建设作为经济发展的指导原则和行动指南,并写入党章。党和国家领导人多次作出保护环境和推动绿色金融相关事业的重要指示。习近平总书记在2016年中央经济工作会议上指出:保护生态环境,要更加注重促进形成绿色生产方式和消费方式,要加快推进银行体系改革,加快发展绿色金融。李克强总理在十二届人大四次会议政府工作报告中指出:"十三五"时期要推动形成绿色生产生活方式,加快改善生态环境,要深化金融体制改革,大力发展普惠金融和绿色金融。2017年6月14日召开的国务院常务会议决定,在浙江、江西、广东、贵州、新疆5省(区)选择部分地方,建设各有侧重、各具特色的绿色金融改革创新试验区,在体制机制上探索可复制、可推广的经验。

随着生态文明写入宪法,绿色产业发展机遇前所未有,这预示着我国未来将进入以产业结构调整和绿色产业发展为趋势的绿色发展路径,必然进一步产生对生态产品供给范围更广强度更大的需求,并会出台和完善相应的各种支持生态文明建设和绿色发展的法律制度,鼓励金融机构在投融资行为中注重对生态环境的保护,通过资金流向引导各种社会资源和生产要素向绿色低碳产业集中,从而推动经济的可持续增长和发展方式的转变。因此,金融机构当前大力发展绿色金融,正是抓住新时期绿色发展良好时机,获得自身业务提升的好机会。

(3)"一带一路"倡议的要求。粤港澳大湾区规划建设,是中国进一步融合世界、参与全球经济治理的一次实验。粤港澳大湾区最早是在《共建"一带一路"愿景与行动》中提出来的,除了为社会主义市场经济理论体系提供实践经验，粤港澳大湾区还起着带动"一带一路"建设的作用。但是，如果把粤港澳大湾区分离开来，各区域的经济体量并不足以称为"21世纪海上丝绸之路"的起点，而经过整合为一体的"大湾区"就能达到相应的经济体量。而且，湾区内资源的整合也会使各城市之间由竞争关系变为协同关系，提高资源利用效率。所以，国家提出规划建设粤港澳大湾区，对粤港澳各方来说都是一个重大机遇。

伴随"一带一路"倡议的进一步深化和落实，绿色金融理应成为对外战略的助推器，将有利于改善国家形象，提升中国国家话语权。"一带一路"沿线国家基础设施落后、产业发展滞后、对外开放程度不高、社会发展水平较低，虽然其加快经济社会发展、实现国家现代化的愿望十分迫切，但仅仅运用政策工具做到生态保护与经济发展的平衡，是远远不够的。2018年的政府工作报告提出，出台实施粤港澳大湾区发展规划，全面推进内地同香港特区、澳门特区互利合作。然而在考虑粤港澳大湾区建设时，不能光就大湾区看大湾区，更要与国家发展大局融合起来，要与"一带一路"倡议对接起来。

粤港澳大湾区能够更好地利用两个市场、两个资源，探索经济的规则优势，在国家开放中发挥重要的平台功能；能够成为"一带一路"重要的国际运营中心，有利于粤港澳区域更好地融入国家经济体系，确保粤港澳长期繁荣。

4.3.2 产业转型升级的内在需求

（1）供给侧结构性改革的转型需求。2008年之后，受全球金融危机的影响，中国的进出口贸易受到严重冲击，最终通过大规模政府投资，对冲了经济下行压力。但大量政府投资一定程度上扭曲了市场信号，导致钢铁、水泥、煤炭产能严重过剩，很多传统产业错过了转型升级的最佳时间窗口。当前所推行的供给侧结构性改革，把改善供给结构作为主攻方向，但并不意味着放弃需求端管理。在粤港澳大湾区范围内，香港特区是世界主要的人民币离岸金融中心与转口贸易中心，深圳已形成了面向内地市场的消费和生产体系，通过粤港澳大湾区建设，深化深港两地联动，实际上是对接两种资源、两个市场，海外市场所带来的市场需求，将正面推动供给侧结构性改革的深化。

根据第3章的分析可知，粤港澳大湾区产业发展结构问题较多，需要加快转型升级步伐。因此，应以粤港澳大湾区建设为契机，坚持以供给侧结构性改革为主线,以加快绿色金融发展为抓手,创新环保与金融融合的体制机制,着力构建多层次、多渠道、多元化的绿色金融投融资体系,努力形成经济、环境和金融良性协同发展新局面。

绿色金融促进的产业结构布局调整的作用,将使湾区内产业产生高效协同,避免由于同质竞争所带来的产能过剩,实现经济可持续发展。

(2)产业升级中的融资需求。

1)基础建设融资需求大量爆发。根据广东省的规划,"十三五"期间要完成交通基础设施建设投资 1.2 万亿元,新建成轨道交通约 2100 公里、高速公路超过 4000 公里,其中高速公路拟投资额 5000 亿元。规模庞大的基础建设将会带来巨大的基建融资需求,为商业银行等金融机构提供了大量的资金需求及金融服务机遇。

2)各类政府产业基金急剧增加。目前,广东省发改委已大力推进 5000 亿元省基础设施投资基金,参与到粤港澳地区一系列重大基金的设立当中。此外,在国家发改委、泛珠三角区域各方政府及国家开发银行的支持和指导下,国家开发银行全资子公司国开金融有限责任公司也将牵头发起设立总规模 1000 亿元(首期 100 亿元)的泛珠三角区域合作发展基金,从而调动区域内各多方资源,推动泛珠三角地区跨区域合作项目建设和产业转移。随着粤港澳大湾区产业升级的推进,政府必然将会进一步投入更大量的产业基金、引导基金支持经济结构调整和产业结构升级,未来必然会继续爆发大量政府基金相关业务的金融服务需求。

3)资产管理需求集中迸发。2016 年底,香港特区的基金管理业务合计资产已经达到约为 18.3 万亿港元。其中,资产管理业务约 12.8 万亿港元,私人财富管理业务约 5.2 万亿港元。资产管理业公司数目在 5 年间增加超过 50%,管理的非房地产基金管理业务资产中近 70% 来自非本地投资者。随着粤港澳大湾区的产业结构升级和"世界宜居城市群"建设的推进,以香港特区为中心的粤港澳大湾区必然会成为全球高端产业和富有人群的聚居地,爆发大量的资产管理和投资需求,成为全球资产管理中心。

在这样巨大的融资需求面前,发行绿色金融债、绿色基金以及绿色信贷等绿色金融工具的空间广阔。

(3)粤港澳一体化的联络需求。粤港澳三地的经济互补性非常强,进一步发展的前景、空间非常广阔。香港特区无论在过去、现在还是未来，均是珠三角乃至广东及整个华南地区最大的经济辐射中心，是国际航运中心，有对接国际的法律和营商环境、大学资源。广东省特别是珠江三角洲与港澳在经济发展上若作为一个整体，则有庞大的市场、完善的制造业产业链和金融创新科技。广东的发展离开港澳便会不完整，其经济发展也会丧失一个强劲的动力源。同样，香港特区和澳门特区的发展也离不开珠江三角洲的广阔经济腹地、丰富的劳动力资源和体量庞大的市场支持。澳门特区的支柱产业博彩业的收入60%以上来自内地游客的消费。粤港澳三地在经贸、技术、金融等方面开展的合作交流正进入全面、深层次合作阶段。

但是，在"一国两制、三种货币、三种金融体制"的特殊条件下推进粤港澳大湾区的协同发展，面临很多现实困难，可以运用的手段不多，绿色金融是一个难得的粤港澳三地政府均认可、并计划大力推进的手段。因此，粤港澳经济协同发展，离不开绿色金融的合作，需要更好地发挥绿色金融的沟通协调作用。在绿色金融方面，粤港澳三地的互补性同样非常强，香港特区是绿色金融国际交流平台，澳门特区有很强的财政税收优势并准备在绿色发展方面加大投资力度，广东省是国内首批绿色金融试点省区，大湾区内广东省9市拥有广阔的绿色金融应用市场，因此绿色金融合作可以把粤港澳各自的优势很好地发挥出来。应深化粤港澳绿色金融合作交流，建立粤港澳三方合作机制，加大绿色金融投入力度，携手共建珠江三角洲城市群国家绿色金融示范区，为构建经济繁荣、社会和谐、生态良好的泛珠三角地区，树立生态安全、环境优美的世界一流生态文明湾区样板，为粤港澳携手打造全球最具发展空间和增长潜力的国际一流湾区和世界级城市群打下坚实的金融基础。

4.4 绿色金融合作的实践进展

绿色信贷、绿色债券、绿色基金、绿色保险等都是构建我国绿色金融体系不可或缺的重要元素，也是当今国内外绿色金融体系的主要组成部分，现就这四个

方面的绿色金融合作实践进展情况介绍如下:

4.4.1 绿色债券实践进展

绿色债券（Green Bond）的概念，通常被认为由世界银行（World Bank）和欧洲投资银行（European Investment Bank）在2007年首次提出。这一年，欧洲投资银行发行了全球第一只"气候意识债券"（5年期、6亿欧元、AAA评级），用于接受银行贷款的可再生能源和能效项目，为绿色债券时代的发展埋下伏笔。全球绿色债券市场的规模自2013年开始逐渐增加，发行人、发行品种和投资者类型呈多元化趋势。据气候债券倡议组织（CBI）统计，2014年绿色债券市场飞速发展，发行量达到366亿美元，是2013年（110亿美元）的3倍之多。此增长势头持续至今，截至2016年6月绿色债券市场的存量达到6940亿美元，全球有超过780个发行人发行了绿色债券。绿色债务融资工具，是指企业在银行间市场发行的，募集资金专项用于节能环保、污染防治、资源节约与循环利用等绿色项目的债务融资工具。近年来，绿色债券受到全球金融市场的广泛青睐，成为绿色项目的重要融资工具。随着市场对绿色债券认可度的日益提升，越来越多的组织和机构尝试发行绿色债券。自2013年开始，绿色债券市场发行规模和发行数量急剧增加，2015年共发行232只，发行规模达3亿美元；而2016年的发行量几乎为2015年的2倍。据气候债券倡议组织（CBI）统计，截至2016年6月，气候相关债券市场存量达到6940亿美元，已发行的贴标绿色债券存量达到1180亿美元，占总存量的17%（见图4-1）。

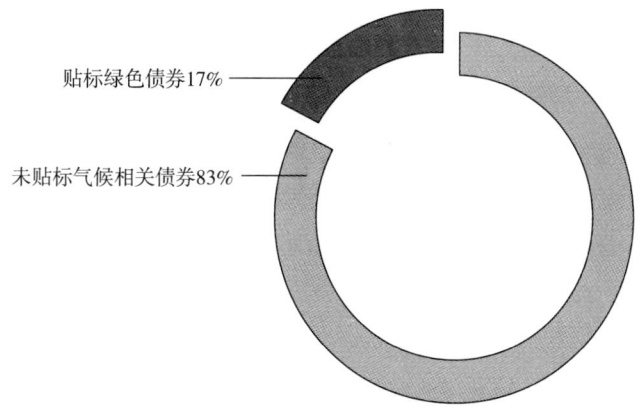

图4-1 贴标绿色债券占比分析图

在6940亿美元规模的绿色债券市场中，主要有六大领域，分别为：运输、能源、水、建筑与工业、农林、废弃物与污染控制。其中运输在绿色债券市场中占比最大，占债券总存量的66.8%；能源为第二大领域，占债券总存量的18.8%；水、建筑与工业、废弃物与污染控制和农林共占市场规模的6.2%；"多领域（当中的每只绿色债券都涉及多个领域下的多个项目及资产融资）"则完全由贴标绿色债券组成，共占市场规模的8.2%（见图4-2）。

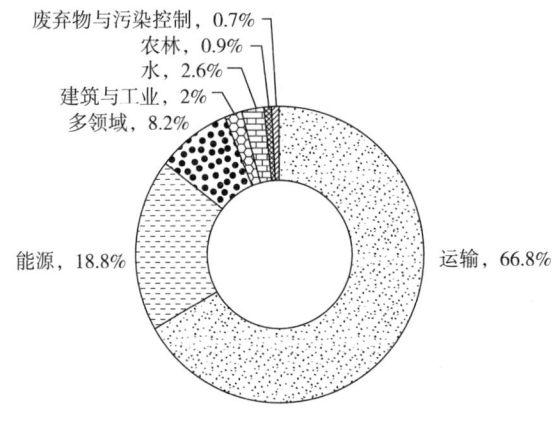

图4-2 绿色债券市场

关于气候债券的评级结果，目前占比最大的为AA级，占债券总存量的37%（见图4-3），包含来自大型铁路企业如中国铁路总公司、英国国营铁路公司（Network Rail）和法国国家铁路公司（SNCF）的绿色债券。

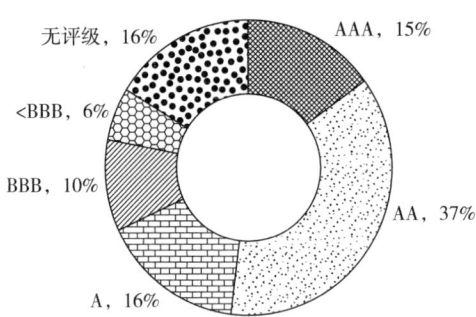

图4-3 2016年绿色债券市场评级情况

已贴标的绿色债券市场中，已发债券的评级结果占比最大的属于AAA级别，达到43%（见图4-4）。已贴标的绿色债券评级表现明显要好于未评级绿色债券，发行人大多为大型开发银行，如世界银行、国际金融公司（IFC）及欧洲投资银行。

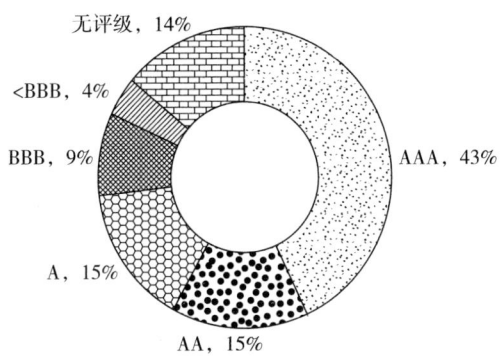

图4-4 2016年贴标绿色债券市场评级

过去几年里,绿色债券市场的发行地域不断扩大。美国作为迄今为止最大的贴标绿色债券发行国,持续推动着这一市场的发展,其与欧洲仍然占有绿色债券市场上绝大多数的份额(见图4-5)。与此同时,新兴经济体也开始积极启动绿色债券市场,包括中国、印度、巴西及南非。其中,2012年南非工业发展公司发行了绿色债券,2014年6月约翰内斯堡发行首只新兴市场绿色市政债券;2014年巴西成立了绿色债券市场发展委员会,由巴西银行协会自律监管,2015年6月巴西食品公司发行了第一只巴西绿色债券;印度的第一只企业绿色债券由印度商业银行YesBank于2015年2月发行。

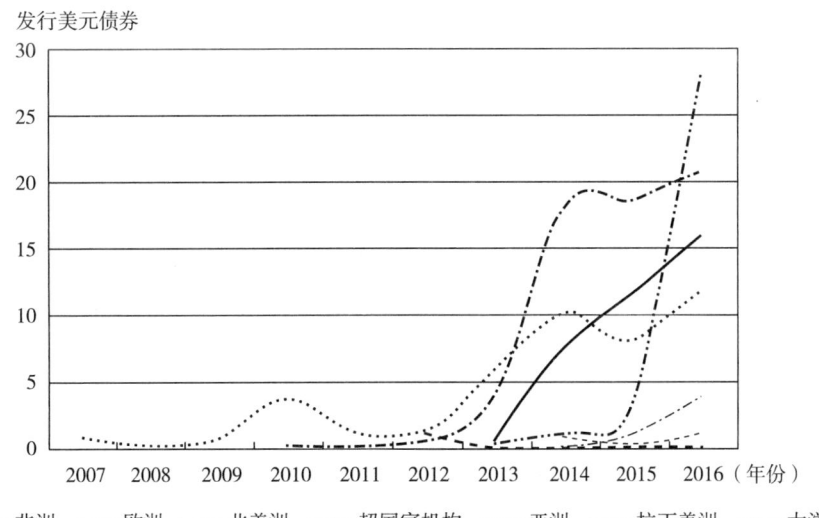

图4-5 2007~2016年发行绿色债券地域分布走势

就发行债券的币种来说，贴标绿色债券市场有 25 种代表性货币。其中，以美元和欧元计价的债券占总发行的 80%（见图 4-6）。

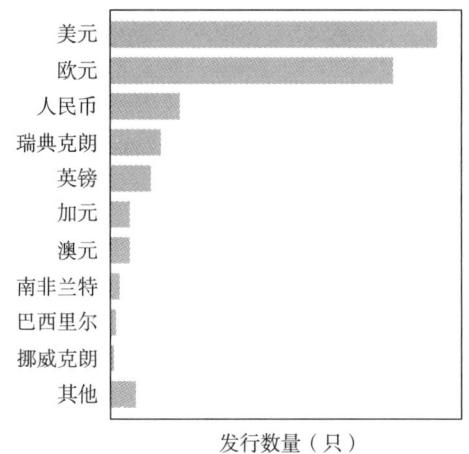

图 4-6　2016 年贴标绿色债券发行币种

随着绿色债券发行规模的不断扩大，各组织机构对其概念进行了不同的定义。世界银行将绿色债券定义为一种固定收益型普通债券，它为投资者提供参与投资绿色项目的机会，从而帮助减缓和适应气候变化。经济合作与发展组织（OECD）将绿色债券定义为一种由政府、跨国银行或企业发行的，为促进低碳经济和适应气候变化的项目筹集必要资金的固定收益证券。气候债券倡议组织（CBI）认为绿色债券是为环境发展或环保项目募集资金的固定收益金融工具。国际资本市场协会（ICMA）最新制定的《绿色债券原则 2017》（*The Green Bond Principles* 2017）根据资金用途和债务追索权的不同，将绿色债券细分为四大类型（见表 4-2）。

表 4-2　GBP 绿色债券分类

债券种类	资金用途	债务追索权	典型案例
标准绿色用途债券（Standard Green Use of Proceeds Bond）	绿色标示项目	向发行者全权追索，信用评级适用于发行者的所有债券	欧洲投资银行发行的气候意识债券（Climate Awareness Bond）
绿色收入债券（Green Revenue Bond）	绿色标示项目	以发行者的现金流（包括费用、税收收入等）为抵押	美国夏威夷州发行的以电费收入为抵押的绿色债券

续表

债券种类	资金用途	债务追索权	典型案例
绿色项目债券（Green Project Bond）	指定的绿色项目	以指定项目的资产和收入为抵押	美国 Alta 风电公司发行的风电项目绿色债券
绿色证券化债券（Green Securitized Bond）	绿色标示或指定的绿色项目	通常以一系列绿色项目资产或贷款为标的	加拿大北方电力公司（Northland Power）发行的太阳能电厂证券化债券

从发行情况看，标准绿色用途债券在市场中占比相对较高，属于信用债券。欧洲投资银行发行的气候意识债券由欧洲投资银行信用担保，世界银行发行的绿色债券也以自身信用作为担保。这类信用担保债券通常具有最高的信用评级，募集资金用于绿色标示项目但不指定具体项目。2015 年 10 月中国农业银行在境外发行的绿色债券也属于标准绿色用途债券，此次发行也是国内银行机构首次发行绿色债券。绿色收入债券的设计较为复杂，其中一个典型案例是美国夏威夷州以电费收入为抵押的绿色债券。夏威夷州政府首先以极具竞争力的价格发行收入债券，其收益交给一个独立的绿色基建基金管理，而该基金以较低的利率借款给消费者来支持他们购买和安装清洁能源设备。债券偿还来源于贷款企业和个人还款，并由夏威夷州的清洁能源系统公共福利性收费（System Benefit Charge）抵押担保。绿色项目债券比较容易理解，其中一个典型案例是美国阿尔塔风能控股有限责任公司（Alta Wind Holdings LLC），它以阿尔塔风能项目作为担保发行绿色债券。最后一种绿色证券化债券可以用已经存在的项目作为担保，如加拿大 Northland 能源公司以其太阳能发电场作担保发行绿色债券；也可以用未来的绿色项目作为担保，如美国 Solarcity 公司以拟建设的住宅式太阳能租赁为担保发行的绿色债券。可以看出，虽然各组织对绿色债券的概念描述不尽相同，但对其主要特点的认识基本一致：债券型工具、固定收益、收益应当被应用于绿色项目。

David Wood 和 Katie Grace（2011）认为绿色债券领域的增长将取决于多种因素，包括发行者承接绿色项目的能力、发行规模、利益相关者对制定衡量标准的参与程度以及投资者对债券的金融性需求和可持续性预期。Christopher Kaminker

和 FionaStewart（2012）指出 OECD 国家低利率和低经济增长率的环境迫使机构投资者日益寻求与传统资产关联度小同时又能提供稳定收益的投资产品。清洁能源投资很符合他们的需求，于是机构投资者利用自身的规模优势和专业经验积极推动包括绿色债券在内的清洁能源投资。他们的行动应当受到鼓励，更应当受到谨慎监管和小心推广。第三代环境保护主义组织（E3G）的 Amin 等（2014）分析了中国低碳金融的发展道路，提到绿色债券市场的建设将会对筹集气候资金产生正面影响，而银行在绿色债券市场的建设阶段可以扮演重要角色。Sean Kidney（2015）指出中国绿色债券市场发展的支持性政策领先于其他国家，其中已经进入官方审批阶段的政策包括绿色贷款不纳入存贷比分子的计算范围、适用 75%的优惠风险权重和资本监管要求、允许金融机构相关绿色信贷资产税前计提拨备；投资绿色债券的银行享受优惠资本风险比率，关于绿色债券的风险资产可以向下调整 50%。

面对国际上如火如荼的发展态势，我国也在绿色债券领域迎头追赶。由国务院联合中共中央共同颁发的《生态文明体制改革总体方案》于 2015 年 9 月正式颁布发行，对绿色金融体系明确地给予了描述，分别针对商业银行机构发行绿色债券以及企业发行绿色债券这两种情况予以深入研究，围绕国内绿色债券市场发展制定了一系列发展计划。中国人民银行于 2015 年底发布了《关于在银行间债券市场发行绿色金融债券有关事宜的公告》（中国人民银行公告〔2015〕第 39 号）及《绿色债券支持项目目录》，明确规定了绿色债券覆盖的项目，并对债券在发行期间、运作期间的具体操作加以规定。与此同时，国家发改委也对外发布了《绿色债券发行指引》，对绿色债券的发行范围、审批流程等予以明确规定。2016 年 3 月，上海证券交易所正式对外公布并推行《关于开展绿色公司债券业务试点的通知》，对绿色债券业务范围、具体发行和运作规则作出了具体规定，随后该通知也被深圳证券交易所对外公布并推行。2019 年 5 月 13 日，中国人民银行发布了《关于支持绿色金融改革创新试验区发行绿色债务融资工具的通知》，支持我国五大绿色金融改革创新试验区内企业注册发行绿色债务融资工具。

2016 年，中国在绿色债券市场中表现出色，上海浦东发展银行发行了两只有史以来发行额度最大的绿色债券（分别为 23 亿美元和 30 亿美元），人民币计价绿色债券数额逐渐增加。

2015年7月16日，新疆金风科技股份有限公司在香港联交所发行了中国首只绿色债券。中国交易商协会2017年3月正式发布《非金融企业绿色债务融资工具业务指引》，在参考绿色债券原则的基础上明确了绿色债务融资工具的四大核心机制，包括资金用途、遴选机制、专户管理、信息披露，并鼓励做市机构在二级市场开展绿色债务融资工具做市业务，提高绿色债务融资工具的市场流动性。2017年中国（不包括中国香港、中国澳门和中国台湾）贴标绿色债券发行规模达2083.8亿元，较2016年同比增加1.5%，包括76个发行主体发行的金融债、企业债、公司债、中期票据、短期融资券和资产支持证券等各类债券113只，其中有68个主体发行了103只共计1937.75亿元的绿色普通债券；另外，一共发行了10只共计146.05亿元的绿色资产支持证券（绿色ABS）。绿色债券的种类日益丰富，但是金融债的规模依旧很大，根据Wind数据，2017年绿色金融债发行占比为67%。就发行主体来看，2017年国有企业共计发行绿色债券1191亿元，占全部绿色债券的61.46%，民营企业发行绿色债券的比例较低。

最新数据显示，截至目前，银行间市场交易商协会共支持59家发行主体注册63单绿色债务融资工具，注册规模为1240亿元，发行规模达585亿元。在"债券通"机制开通一周年之际，国家开发银行将于7月3日在银行间债券市场面向全球投资人发行350亿元"债券通"金融债券。本次发行覆盖境内银行间债券市场、商业银行柜台市场，以及"债券通"发行渠道，这也是国开债长期限品种首次亮相柜台市场。国开行以"债券通"开启一周年为契机，继续与境内外机构一起密切合作、开拓创新，在推动中国金融开放和债券市场发展、促进人民币国际化和香港国际金融中心建设方面做出更多更大贡献。

4.4.2 绿色信贷实践进展

在国外的相关文献资料中，可持续金融、环境风险管理为"绿色信贷"主要研究对象。Eric Cowan（1999）通过对信贷投放与环境质量关系的实证研究发现，环境质量状况受绿色信贷投放额度直接影响，绿色信贷可以通过信贷资金价格对企业生产与排污行为产生影响，进而促使节能环保产业发展。Baron. D（2001）认为，绿色信贷就是指以企业的环保与社会责任标准作为核心指标开展的信贷活动。Marcel Jeucken（2002）认为绿色信贷是指金融机构通过自身的信贷信息、信贷资源等优势对绿色可持续产业提供信贷优惠，同时将可持续发展理念传递给贷款企业。T. E. Gradel 和 B. R. Allenby（2004）从产业结构调整的角度重点介绍了金融业在产业环保技术升级中的信贷引导作用。Bert Scholtens（2007）通过对银行企业社会责任、经营规模与绩效、信贷风险管理三个方面进行实证分析，证明了银行在信贷过程中执行环境风险评估与管理虽然会使得短期成本上升，但从长远来看，银行赢得了良好的声誉，提升了社会影响力，长期回报率更高。Rory Sullivan（2007）指出，银行业金融机构在信贷投放时应该考虑自身社会责任，要考察项目出资建设涉及的社会责任风险，从而作出规避。邓聿文（2007）认为，绿色信贷是指银行业金融机构根据国家环保、产业政策，对环保企业加大信贷优惠利率，而对"两高"企业限制贷款和执行高利率以约束其发展，不断将资金引向国家支持产业，实现资源有效配置、绿色配置。原庆丹、沈晓悦等（2012）认为绿色信贷包括国家政策层面和银行业层面。国家政策层面的绿色信贷是指国家通过调控银行信贷资金保护环境；而银行层面则是指银行业金融机构根据国家环保、产业政策，将环保情况纳入银行信贷审批流程中，引导贷款资金流向促使国家环保事业发展的企业和机构。屠行程（2014）认为，绿色信贷主要是指银行业金融机构在发放贷款过程中更加关注企业生态效益以及对社会环境的影响，绿色信贷是生态与经济相互协调的发展经营模式，是一种金融政策手段，是处理好金融业与可持续发展之间关系的一种要求，其要点在于把环境社会责任纳入贷款发放管理过程。

相比国外理论研究，国内对绿色信贷研究主要集中在必要性、重要意义、效应机制、产品创新、发展障碍、法律制度、国际经验借鉴等方面。在必要性方面，孙洪庆（2002）主要从绿色工程离不开绿色金融、绿色消费倒逼、社会化融资呼唤、绿色利润选择几个方面阐述了发展绿色金融的必要性。从绿色信贷发展存在的问题方面看，陈振兴（2008）认为当前我国商业银行内部绿色信贷对应职能部门缺位，相应的惩戒机制还不健全。从绿色信贷发展对策建议研究看，张雪兰、何德旭（2008）主要从完善激励约束机制、扫清绿色信贷障碍、建立银行业金融机构绿色信贷机制的基本框架、营造良好环境等方面提出建议。从信贷政策角度看，徐芳（2009）研究了我国商业银行履行绿色信贷政策发展动力、经营方式、理论基础，在借鉴国外先进经验基础之上提出绿色信贷发展建议。从绿色信贷法律制度的构建角度看，唐秋萍（2011）在借鉴国际绿色信贷标准和美、德、日等国的经验基础上，认为我国应确立商业银行的绿色信贷法律义务，从立法路径、规范模式、义务架构和配套措施四方面来探索如何确立、完善该义务。刘传岩（2012）认为"绿色信贷"是科学发展观下我国金融业可持续发展的必然选择，分析了当前我国绿色信贷执行过程中出现的问题。赵奇（2013）通过介绍国外和国内绿色信贷的立法实践情况分析我国绿色信贷法律制度中存在的问题，并从建立统一实施标准、明确各方环境责任、建立全方位激励和处罚机制等方面提出建议。孙海旭（2014）分析了中国绿色信贷政策的意义、发展阶段，并且梳理与总结了中央和地方的相关政策文件，在此基础上分析了中央和地方实施绿色信贷政策的现状、存在问题及原因。段凯莉（2014）在借鉴国外绿色信贷法律制度经验的基础上，从宏观架构和微观设计两方面对我国绿色信贷法律制度进行构建，分别从银行环境法律责任、环境信息公开共享、绿色信贷激励制度几方面对我国绿色信贷法律制度进行设计。郭晓芳（2014）认为绿色信贷发展存在的问题主要有政府相关政策及法律法规不完备、银行在贯彻绿色信贷时缺乏执行力度、企业重视经济效益忽视社会效益等。富红蕾（2014）认为绿色信贷发展存在的问题主要有政策阻碍了绿色信贷产品创新的推进、绿色信贷产品创新生态环境差、银行业金融机构与环保部门缺乏信息共享机制、缺乏专业技术人员、创新能力不足等。付新强（2015）从社会效益、生态效益及经济效益三方面重点剖析了开展绿色信贷业务的重要性。

在实际操作层面，以世界银行为代表的国际开发性金融机构，一方面，从技术角度细化了可持续金融的具体操作，包括建立自身的环境社会管理体系，识别和管理融资项目环境和社会风险。另一方面，还开创了金融机构主动管理项目的先河。2003年，包括花旗银行、汇丰银行在内的10家大型跨国商业银行共同发起并签署了自愿性的"赤道原则"，该文件采用了世界银行集团国际金融公司（IFC）的环境社会绩效标准作为技术依据，管理其在新兴市场大型项目融资中的环境和社会风险。"赤道金融机构"承诺根据赤道原则建立健全内部环境社会政策和流程，不向未达标客户提供项目融资或项目类公司贷款。自2003年至今，全球已有36个国家的83家金融机构宣布采纳了"赤道原则"，覆盖了新兴市场70%的大型私营部门项目融资。

进入21世纪,面临经济增长与可持续发展双重挑战,新兴市场国家开始呈现新的发展趋势——银行业监管部门牵头制定绿色信贷政策,以引导银行业金融机构将环境和社会可持续性考量纳入信贷决策,加强银行业务风险管理,拓展绿色金融产品和服务。2007年至今,以中国为表率,先后共有13个国家陆续发布了绿色信贷政策或行业自愿性规范。2012年,在北京召开的绿色信贷新兴市场国际研讨会上,经中国银监会发起,与会10个国家的银行业监管部门共同倡议发起了绿色信贷国际工作组(SBN),致力于共同推动绿色信贷在银行业的推广和实践。截至2016年12月,SBN的参与国家已增至31个。

中国绿色信贷政策最早可追溯到1995年,当年中国人民银行颁发了《关于贯彻信贷政策与加强环境保护工作有关问题的通知》。2006年,国务院制定和颁发了国家"十一五"节能减排综合性工作方案,明确将单位GDP能耗下降、二氧化硫和化学需氧量减排列为约束性指标。为减少"双高"(高能耗、高污染/高排放)行业和企业给银行业所带来的风险,中国银监会于2007年颁布了《节能减排授信工作指导意见》,对银行业金融机构落实国家节能减排战略、防范环境风险引发的各类银行风险提出了全面、深入的要求。与此同时,各级银监部门还加强了与各级环保部门的信息共享,及时向银行业金融机构转发来自环保部门的环境违法违规企业和项目名单,为银行业金融机构防范环境风险提供了有力支持。绿色信贷在我国作为新兴理念,其内涵和外延还缺乏统一定义。鉴于此,在总结多年工作经验的基础上,2012年银监会制定和颁发了《绿色信贷指引》,首次提出了绿色信贷三大框架体系,即环境社会风险管理、绿色金融产品创新和银行自身环境足迹,这一理念得到了多国金融监管部门的认同。该政策还在组织架构、能力建设、信贷政策、信贷管理、内控评价、对外披露等方面对银行业金融机构提出了更加完善和明确、可操作的要求。为监测银行业落实情况和效果,银监会在广泛征求国家发展改革委、环保部、建设部、交通部、农业部、林业局、安全生产监督总局、能源局等多部委意见的基础上,于2013年正式颁发了绿色信贷统计制度,并制定和印发了绿色信贷实施情况关键评价指标,以《绿色信贷指引》为依据,将其要求细化为具体指标,严密监测银行业金融机构落实《绿色信贷指引》的情况。银监会还于2014年制定和印发了绿色信贷实施情况自评价模板,要求银行机构以关键指标的填报和评估为基础,按照自评价模板的标准要求，提交绿色信贷实施情况自评价报告。通过统计报表、关键评价指标、自评价报告，监管部门可以较为全面地跟踪监测银行业金融机构实施绿色信贷的进展情况和效果，为开展绿色银行评价打下了较好的基础。银监会倡导和推动绿色信贷得到了机构的积极响应。2014年，中国29家主要银行代表在福州签署了《中国银行业绿色信贷共同承诺》，承诺全面践行绿色信贷。国家开发银行还开发了专业的节能减排效果测算软件，以确保节能减排效果统计的准确性。2015年，银监会制定和颁发了《能效信贷指引》，要求银行业机构在信贷活动中开展能效筛查，支持各类能效工程项目和能效合同项目，明确了能效信贷中风险控制的关键要素和操作要领。至此，支撑中国银行业金融机构开展绿色信贷的监管框架已比较完整。

目前我国环保行业资金来源主要靠银行贷款，银行贷款占到了企业总融资的70%，而诸如债券、票据等金融手段在环保产业中的应用较少。对于私募股权融资来说，环保行业依然被关注，但是真正进行投资的环保企业却是逐年减少。一方面，环保项目投资巨大而收益率相对较低，资本往往不太愿意投资；另一方面，部分污染型项目回报率太高，又吸引了太多资金进入，而其他环保项目则无资金进入。据了解，2012~2013年，在PE/VC行业整体低迷的大环境下，环保节能行业投资案例数量和规模连续两年下滑。2013年我国环保节能行业共披露融资案例29起，融资总额为3.42亿美元，数量和金额同比分别下降29.3%、37.8%，创下近五年新低；而2014年和2015年上半年，环保行业私募股权融资案例数量依然没有较大起色，但是在融资数额上有较大突破，2014年融资总额为11.65亿美元，环比上升77%。因此，我国环保行业对绿色信贷的需求逐年增加，绿色信贷的市场应用前景广阔。

目前，在绿色信贷方面我国已经建立了包含绿色信贷指引、绿色信贷统计制度与绿色信贷考核评价体系的制度框架，正探索将绿色信贷业绩评价纳入宏观审慎评估体系（MPA）中。根据《关于构建绿色金融体系的指导意见》，国家层面支持银行和其他金融机构在进行信贷资产质量测试时将环境和社会风险因素作为参考项，从而在定价过程中实行差异化的定价，对环境风险高的领域开展评估，将企业环境违法信息录入信用数据库并在金融机构之间共享，为各金融机构决策提供依据。当前我国绿色信贷发展良好，不良率低。兴业研究的数据显示，截至

2017年6月末,国内主要银行绿色信贷项目贷款余额为241.7亿元,不良率0.37%,比各项贷款不良率低1.32%。2016年初,兴业银行和浦发银行分别获准发行不超过1000亿元和2000亿元的绿色金融债,专项支持绿色信贷。随着绿色金融市场的全面发展,银行业在绿色产品和服务创新方面存在更大的发展空间。

4.4.3 绿色资本市场实践进展

(1)绿色基金。绿色基金是针对节能减排、低碳经济发展、环境优化改造项目而建立的专项投资基金,旨在通过资本的投入来促进节能减排事业的发展,其品种众多,包括但不限于绿色产业基金、担保基金、碳基金、气候基金。绿色基金不仅从经济角度出发,而且考虑投资对象对自然和环境的影响。绿色产业基金作为一种创新的融资渠道,可以成为绿色环保项目的资金来源之一,部分还可以委托贷款形式拉动地方绿色产业和项目发展。市场化的产业基金将资金导入绿色产业,与政府拨款相比更加灵活高效,有助于解决清洁能源、节能环保等绿色产业的资金短缺问题。

绿色投资基金是在社会责任投资(Social Responsible Investment,SRI)的基础上发展起来的,不仅以获得经济收益为主要目的,而且追求生态、经济的协调发展。由于市场的差异性,绿色投资基金在不同国家名称不一,例如,在美国被称为环境基金(environment fund),在日本被称为生态基金(eco - fund),在西欧则被称为绿色或生态基金(green/ecology fund)。在发达国家,绿色基金的发行主体主要是机构,尤其美国在1996年成立了社会投资论坛,自此绿色基金开始高速发展。而在日本,受自然环境及人文环境等影响,环保意识在社会中广泛传播,企业主动改善生态环境的情况较多,极大地促进了绿色基金在日本的发展。

中国人民银行、财政部等七部委联合印发的《关于构建绿色金融体系的指导意见》中,支持设立各类绿色发展基金,实行市场化运作。支持社会资本和国际资本设立各类民间绿色投资基金。《意见》中还表示支持绿色产业引入PPP模式,鼓励将节能减排降碳、环保和其他绿色项目与各种相关高收益项目打捆,建立公共物品性质的绿色服务收费机制。

碳基金是国际碳市场中投融资的最为重要的主体之一。1999年,世界银行成立首只针对CDM的原型碳基金,为碳基金的运作设立了标杆,随后多种类型的碳基金层出不穷,目前已经形成基本完整的碳基金门类体系。碳基金在国外已经有10多年的发展历史。目前,世界银行管理着价值超过20亿美元的10个碳基金。16个国家的政府和覆盖各部门的65家公司已经为这些基金做出了贡献。欧盟及日本等国家和地区也相继设立专门机构和气候变化专项基金。来自Financial Solutions的2009年度的报告中显示,全球碳基金总数为89只,资金规模107.55亿欧元,并且还有6只基金在酝酿中,新生资金规模为32.3亿美元。经过近几年的发展,快速成长的碳基金已经成为碳指标的购买主力军。据统计,碳基金在国际碳交易市场上为24%的CDM提供了融资。

随着绿色产业的发展,我国各种绿色产业基金也如雨后春笋般成立。兴业全球基金管理有限公司于2011年2月发行了我国第一只绿色投资基金——"兴全绿色投资股票型证券投资基金"。其投资理念是:环境保护与金融投资的目标融合,绿色基金的核心是强调人与自然的协调发展。它将投资者对社会以及环境的关注和他们的金融投资目标结合在一起。它不是追求纯粹物质利益的最大化,而是整体社会福利的最大化。目前的绿色产业基金包括绿色产业投资基金、绿色产业并购基金,以及最近兴起的PPP环保产业基金等多种方式。目前,国内的绿色产业基金通常由政府引导基金投资,行业内大型机构发起或参与,在心理层面上能够对社会公众产生积极的引导作用,更利于分散风险。国内绿色产业基金的具体模式主要包括以下几种类型。

模式一:行业内高新技术企业+政府引导基金。蔚来汽车与湖北长江产业基金的合作属于这种模式的典型案例,长江基金是蔚来新能源产业发展基金的投资人。该基金专注于电动汽车关联产业中处于成长期或成熟期的新能源、汽车及科技企业投资,并进行产业化发展。此外,还将在武汉东湖新技术开发区建设长江蔚来智能化新能源汽车产业园,总投入不少于人民币200亿元,产值目标为1000亿元。目前,各级政府积极设立各个产业的政府产业引导基金,介入到新兴产业或者传统产业转型中,对相关企业进行股权投资以及并购投资,实现地方产业结构的调整。根据清科集团旗下私募通数据统计,截至2016年初,国内共成立780只政府引导基金,基金规模达21834.47亿元。2015年新设立的政府引导基金为

297 只，基金规模 15089.96 亿元，分别是 2013 年引导基金数量和基金规模的 2.83 倍和 5.24 倍。七大战略新兴产业和基础设施成为这些引导基金的主要投资领域。在此背景下，资本和实业充分利用政府引导基金这一低成本资金来源，使之成为一种有效的融资途径。行业内高新技术企业与政府引导基金双方面的需求促使这种合作模式在各个省份均成为绿色产业基金的主要运作模式。

模式二：行业内大型央企牵头组建。广东可再生能源产业基金、中广核产业投资基金管理有限公司第三期产业投资基金、光大中船新能源产业投资基金都是行业内大型央企牵头发起的绿色产业投资基金。中广核是由国务院国资委监管的大型清洁能源企业，根据战略规划，到 2020 年中广核集团清洁能源电力装机容量将达到 9000 万千瓦，约占国家 2020 年一次能源消费的 3%，具有强大的技术生产能力和资本优势。而光大中船新能源产业投资基金主要发起人为中国光大实业（集团）有限责任公司、中船投资发展有限公司，母公司中国光大集团和中船重工均是我国重要央企，并且已在新能源等绿色产业进行布局，成立产业基金有助于这类央企开展绿色产业的并购业务。根据国务院文件，由于绿色产业基金资产总值的 60% 需要投入到绿色产业项目中，因此与其他产业基金相比，绿色产业基金更侧重于将生态发展和经济收益相结合。央企布局绿色新兴产业，在整合产业资源的同时，也履行了社会责任，有助于央企社会声誉的提升。而且，央企通常拥有上市平台，其发起的产业基金投资的绿色产业项目的退出渠道更为顺畅。由于行业资源丰富，由行业内大型央企发起的绿色产业基金是相关投资者关注的热点。

模式三：金融机构＋行业内知名公司共同组建。中国新能源产业基金、信银金风风电产业基金、东鼎新能源产业基金的发起机构均采用了"金融机构＋行业内知名公司"的模式。其中，信银金风风电产业基金由私募股权基金投资管理机构和风电行业龙头企业金风科技共同发起，并且金风科技早在 2007 年就已上市。在这种合作模式中，金融机构针对绿色产业领域上市公司的细分行业特点和个性化需求，将上市公司进行横向和纵向整合，提高行业资源集中度，通过市场化手段，将优质资源配置给优势企业，能够降低相关行业潜力企业的运营成本，提升盈利能力。对金融机构自身来说，与上市公司合作成立绿色产业并购基金，既能够借助上市公司行业内资源进行管理运作，又能够以上市公司平台作为退出渠道。这种结合上市公司技术、商业模式优势和金融机构融资优势的业务模式,也更受投资者青睐。除此之外,还有多个"金融机构+行业内知名公司"共同发起产业基金的例子。例如,与中建投联合发起中国新能源产业基金的美国 Sun Edison 公司是光伏行业国际知名企业,东鼎新能源产业基金的发起机构东润环能是一家主要经营目标为"新能源应用技术与信息服务"的新能源行业知名企业。

从国内绿色产业基金三大主要模式来看,行业内知名公司是必然的组成部分,其原因是绿色产业投资与以往金融机构主要涉足的房地产等传统行业相比,对专业知识的要求更高。因此,与行业内知名企业合作,借助其对行业相关专业技术的掌握和产业链关系、未来发展趋势更深入的了解,以及对行业内优质项目资源的挖掘能力,能够有效提升投资效率,减小投资风险。

除了上述产业基金运作模式外,目前政府和社会合作的 PPP 环保产业基金是绿色产业基金的另一种创新运作方式,在支持绿色环保基础设施建设方面发挥越来越重要的作用。从国际经验来看,环保类基础设施建设的持续性大规模融资需求无法单独依靠政府资金解决,利用国际或者民间资本进行公共基础设施建设将逐步成为广泛应用的项目融资方式。将 PPP 模式应用到绿色产业中,一方面保持了政府的引导作用,另一方面通过政府的参与为项目隐性增信,更容易吸引社会资金参与绿色基金。PPP 产业投资基金也有多种运营模式,包括省级政府出资的引导基金与金融机构合作设立的产业基金,以及地方从事基础设施建设的国企与金融机构合作成立的有限合伙基金等,最终通过股权投资地方政府纳入 PPP 框架的绿色基础设施相关产业项目公司进行市场化运作。

截至 2016 年底,中国基金业协会备案的绿色基金共 265 只,其中绿色产业基金达 215 只,2016 年的新增基金数为 121 只。截至 2017 年 6 月末,全国入库的 PPP 项目中绿色低碳项目 7826 个,投资额 6.4 万亿元,占全国入库项目比重分别为 57.7%、39.3%。

(2)环境权益交易市场。2016 年七部委推出《关于构建绿色金融体系的指导意见》,其中提到中国需要完善环境权益交易市场,包括碳排放权交易市场、排污权交易市场、节能量(用能权)交易市场和水权交易市场,并丰富相关融资工具。目前中国推进的环境权益交易市场中,碳排放权市场的发展进度最快,已于 2017 年 12 月宣布启动全国碳市场。自 2013 年开始,北京、天津、上海、重庆、湖北、广东和深圳七个试点碳市场陆续启动。2016年12月，又新增福建和四川两个试点省区。试点市场相关立法均以《碳排放权交易管理暂行办法》为基础，已推出的一些金融产品情况如表4-3所示。

表4-3 部分碳排放权试点推出的碳金融产品情况

地区	时间	类型	机构/公司	成交量
广东	2015年	碳排放配额回购融资	广碳所	—
广东	2015年12月17日	碳资产质押融资	广碳所	—
广东	2016年5月26日	碳资产托管	广州碳排放权交易所、广州微碳投资有限公司、深圳能源集团股份有限公司	—
广东	2017年	场外期权交易	广州守仁环境能源股份有限公司、壳牌能源（中国）有限公司	—
湖北	2014年9月9日	碳资产质押融资	湖北碳排放权交易中心、兴业银行、湖北宜化集团	4000万元的质押贷款
湖北	2014年11月26日	碳基金	华能集团、诺安基金	基金金额3000万元
湖北	2014年12月8日	碳资产托管	湖北碳排放权交易中心、湖北兴发化工集团股份有限公司	托管100万吨碳排放权
湖北	2015年9月28日	碳排放配额回购融资	湖北省发展改革委	—
湖北	2016年4月27日	碳远期	（上线交易）	产品上线当天，成交量达680.22万吨，成交金额1.5亿元人民币
福建	2017年4月26日	碳资产托管	福建省三钢（集团）有限责任公司、广州微碳投资有限公司	360万吨

资料来源：中央财经大学绿色金融国际研究院。

4.4.4 绿色保险实践进展

国内外关于绿色保险的研究对绿色保险产品的合理性、防范机制、产品设计、政府配套措施等都进行了较为详尽的研究，但多将绿色保险界定为环境污染责任保险,同时研究多集中于绿色保险本身,缺乏绿色金融的系统视角,包括绿色保险在内的绿色金融协调发展问题尚未得到很好的解决。西方国家在绿色保险的推行中,都有较为完善的环境立法体系作为后盾,大多把环境污染责任保险适用的对象、保障范围以及违规的具体惩罚金额、惩罚措施都明确列在相关的法律条文中,比如美国的《综合环境反应、赔偿和责任法》、德国的《环境责任法》和《环境损害法》、法国的《法国环境法》等这些国家级法律都有关于环境污染责任保险内容的明确规定。有了完善的法律制度作保障,环境污染责任保险的发展才能够披荆斩棘。随着全球环境污染形势的越发严峻,国外大多是以强制性模式来开展环境污染责任保险。比如美国采取强制模式,要求排放毒物质和废弃物可能引起损害的企业必须参保,且在司法上对致害人判处的赔偿金往往超出实际损失金额,对致害企业进行严厉的惩罚;德国采取的是强制加财务担保的模式,对违规企业要求停止营业并进行严厉的处罚。英法两国虽然采取柔性渐进模式,但是也对一些重污染行业规定必须强制参保,违规者将进行处罚。在英国,某些案件中的罚款甚至没有上限,严重的要承担刑事责任。这些严厉的处罚提高了企业的污染成本,可以促使企业提高环保意识,主动做好环境保护工作。

国内绿色保险理论的研究相对起步较晚,陈立琴(2003)认为我国绿色保险部分试点地区的经营中存在保险赔付率比较低和保险费率高的现象,建议我国采取强制模式进行承保,以提高企业的参保率,符合保险的大数法则定律,同时应建立健全相关的环境和金融保险法律规范,以实现社会稳定,切实维护受害人的合法权益和保险盈利性持续增长。郑俊涛(2005)认为要适度发展绿色保险制度,逐步拓展绿色保险的责任范围。2007年国家环保总局与中国保监会联合发布的《关于印发〈关于开展环境污染责任保险调研报告〉的通知》(环办〔2007〕100号)中,将环境污染责任保险定义为"环境污染责任保险是以企业发生的污染事故对第三者造成的损害依法应负的赔偿责任为标的的保险",即当企业因为生产导致污染事故而引起赔偿责任时,由保险公司负责赔偿。我国目前主要采用任意模式来开展试点,毕思勇、张龙军等(2009)认为试点未能获得明显成效,主要原因是赔付率低和承保范围比较窄,并针对这些问题提出了完善我国绿色保险的具体政策建议。李玲(2010)主要从绿色保险的界定、赔付标准和保险费率与定价等方面对绿色保险制度的建设进行了探讨。在2010年9月29日召开的

"绿色保险与可持续发展（曹妃甸）"论坛上，绿色保险成为解决保险业自身可持续发展的一种新的发展理念。原保监会主席助理袁力（2010）认为，绿色保险是一种经营方式，即在保险经营活动中将生态观念引入保险业，改变保险业的高消耗低产出的粗放式发展模式，通过自身的运作，支持环保产业的发展，为绿色经济提供保险服务。原庆丹、沈晓悦等（2012）认为政府应该加强扶持力度，并且要完善相关立法体系，逐步推广绿色保险，并且推行强制为主、任意为辅的绿色保险模式。梁雪珍（2013）从绿色保险定位分析、风险化解机制、政策建议等方面对我国绿色保险实施模式进行了研究，认为我国应当采取强制责任保险和任意责任保险相结合的保险模式。陈玲玲（2014）从保险主体、保险内容、险种种类、配套机制的建立等方面对广西环境污染责任强制保险进行了研究，并提出了具体的建议。郑帅（2015）对广西环境污染责任保险存在的问题进行了具体的分析，同时从量化沉没成本比较的角度分析了企业"搭便车"的现象，并针对广西实际情况提出建立专属广西地区损失评估体系等对策。徐春草（2016）认为广义上的绿色保险包括农业等一系列通过创新改善环境的保险，是一类以环境保护为目的、协调各生产领域的险种。王国军、庹国柱（2016）提出，绿色保险可包括三层含义，其基础含义是以环境污染责任保险为代表的保险产品；第二层次含义则是提供专业的风险管理服务，实现整个社会资源的节约和保护，有利于可持续发展；第三层次则是绿色保险含义的引申，即指保险业的发展理念，从粗放式发展转变为精细集约化经营。王琰（2017）对发展绿色保险市场进行了研究，认为应以市场化手段应对环境污染事故风险。对污染风险高的企业实行强制性保险，同时要建立巨灾保险制度，增强企业对突发环境事故的应对能力，防止风险转嫁造成政府财政负担。马骏（2017）从立法的角度对绿色保险制度进行了研究，认为我国应该用立法的形式，在环境高风险行业（比如采矿、冶炼、皮革、危险品运输和仓储等行业）中建立强制性的环境责任保险制度。

美国及日本的环境污染责任保险种类比较丰富，产品类型细化，囊括了各行各业的污染情况。不同的环境风险，保险费率是不同的，企业可以根据自己的实际经营情况选择跟自己的实际风险相匹配的保险产品，满足企业的需求。在早期的发展中，各国均只是承保突发的、意外的污染事故造成的人身损害及财产损失，随着各国经济的发展及保险行业的不断发展壮大，保障范围也在逐渐地扩大。比如美国、德国、法国等，把渐进式污染也纳入了保障范围，提高了保险的保障力度，加强了保险业对环保事业的促进作用。在确定经营环境污染责任保险的保险公司时，大多数发达国家采取组建专门的环境保护保险机构的方法，如美国于1988年成立了以政府为背景的专门环境保护保险公司，法国成立了环境污染责任保险技术委员会，同时由本国保险公司与外国保险公司组建成再保险联营集团；荷兰则是筛选国内的保险公司来组建专门的环境保险公司。这些环境保护保险机构，专业性比较强，在保费的确定上，可以通过对环境风险的专业评估厘定合适的保险费率，在理赔定损时可以迅速准确地评估损失，确定赔偿金额，减少理赔的环节，降低理赔成本。另外，有政府的公信力和强制力作为背景，也能督促企业主动参保，提高企业的环保意识。

国内绿色保险的发展虽然比较晚，目前仍处于试点摸索阶段，但是相关立法早在20世纪80年代已有所体现，比如1983年12月颁布的《中华人民共和国海洋石油勘探开发环境保护管理条例》中的第9条规定"企业、事业单位和作业者应具有有关污染损害民事责任保险或其他财务保证。"国家海事局于1999年颁布的《船舶载运散装油类安全与防污染监督管理办法》第6条规定：载运散装货油的船舶应持有主管机关认可的机构签发的《油污损害民事责任保险或其他财务保证》或提供其他有效的财务信用担保。2003年11月颁布的《船舶载运危险货物安全监督管理规定》第20条规定：载运危险货物的船舶应当按照国家有关船舶安全、防污染的强制保险规定，参加相应的保险。2006年6月国务院发布了《关于保险业改革发展的若干意见》（国发〔2006〕23号），提出要充分发挥保险的防损减灾职能，突出其在灾害事故处置中的作用，要大力发展环境污染责任保险。2006年9月公布的《防治海洋工程建设项目污染损害海洋环境管理条例》第27条规定：海洋油气矿产资源勘探开发单位应当办理有关污染损害民事责任保险。2007年国务院提出"研究建立环境污染责任保险制度"的要求，同年12月国家环保总局和中国保监会联合制定和公布了《关于环境污染责任保险工作的指导意见》（环发〔2007〕189号），正式启动了绿色保险政策试点。根据该意见的要求，各省市要以高污染风险企业为试点开展环境污染责任保险。2013年两部门再次联合发布了《关于开展环境污染强制责任保险试点工作的指导意见》（环发〔2013〕10号），明确了环境污染强制责任保险的试点企业范围：涉重金属企业、按地方有关规定已被纳入投保范围的企业及其他高环境风险企业。

关于国内绿色保险实践方面，早在20世纪90年代初，大连、沈阳、长春就开始尝试开展环境损害责任保险，不过投保的企业数量较少，保险公司提供的保障额度也不高，赔付率较低。经过几年的发展均进入了停滞状态。直到2007年《关于环境污染责任保险工作的指导意见》颁布，在全国范围内才正式启动了绿色保险的试点工作，2008年最终确定江苏、湖南、湖北、重庆、深圳、宁波、沈阳作为试点地区。历经8年多的发展，各试点地区的发展情况不一，其中江苏省的企业参保率最高，环境保护部公布的2015年参加环境污染责任保险名单中江苏省占了2213家，占全国参保企业的58.5%。经过近十年的发展，环境污染责任保险在我国取得了初步成效，但是跟国际上发达国家相比仍是远远落后。据国家环保部统计，2007～2014年，投保环责险的企业超过2.5万家次，保险公司提供的风险保障金累计超过600亿元。2014年全国范围内有22个省份合计超过5000家企业投保，而截至2015年12月，仅剩下4000多家企业投保，并且其中大量企业没有续保意愿。而2015年环境污染责任保险的年保费收入刚刚突破亿元大关，全国财产保险的总保费则是7995亿元，相对于美国环责险每年多达40亿美元的保费，中国的环责险发展相对落后。

4.5 本章小结

对比分析促进区域环境经济协调发展的几种主要调控措施，即产业政策引导、环保督察监管和绿色金融合作，可知绿色金融合作在时效性、可持续性等方面具有优势，而且负面影响最小。并且，从贯彻国家宏观政策的外部要求和产业转型升级的内在需求两方面看，在粤港澳大湾区的规划发展中实施绿色金融合作都非常必要。绿色信贷、绿色债券、绿色基金、绿色保险等都是构建我国绿色金融体系不可或缺的重要元素，近年来取得的飞速发展成果，可为粤港澳大湾区绿色金融合作提供借鉴。

第5章 粤港澳大湾区绿色金融发展现状

为深入了解粤港澳大湾区绿色金融发展的真实情况,2018 年 3~6 月,笔者赶赴香港特区、澳门特区、深圳、广州的金融管理机构、绿色金融专业委员会、绿色金融相关企业和支持单位进行了广泛、深入的调研,访谈人次超过 100 人次,起草了七篇有关粤港澳大湾区代表城市的绿色金融调研报告。根据准确、客观、全面的实地调研资料,了解大湾区绿色金融发展的实际情况。

5.1 粤港澳大湾区绿色金融合作基础

5.1.1 区域合作基础

(1) 前期已有多层次全方位的合作。在《内地与香港关于建立更紧密经贸关系的安排》《内地与澳门关于建立更紧密经贸关系的安排》及有关补充协议(CEPA)和粤港、粤澳合作框架协议下,粤港澳已经形成多层次、全方位的合作格局。从经济规模、外向程度、产业形态、城市竞争力和区域合作水平等方面看,粤港澳大湾区城市群已具备建成国际一流湾区和世界级城市群的基础条件。

粤港澳区域合作大家并不陌生,"一国两制"下的"泛珠三角"区域政府合作,历经了从"小珠三角"区域合作——"大珠三角"区域合作——"泛珠三角"区域合作的历史嬗变。就目前而言,它是中华人民共和国成立以来规模最大、范围最广的一次区域政府间合作。泛珠三角区域政府合作与我国历史上或当下国内其他形式的区域政府合作相比,一个显著区别就在于,它是"一国两制"下的区域政府间合作,面临不少制度碰撞、制度摩擦乃至制度冲突的问题。经过"9+2"政府共同努力,2004年6月,各方政府共同签署了《泛珠三角区域合作框架协议》,这标志着泛珠三角区域合作实现了由市场主导的民间合作向政府主导的公共合作转变。"一国两制"下的泛珠三角区域政府合作之所以能够成功实施,关键就在于它在继承和吸收了"粤港(澳)合作联席会议"制度精髓的基础上,进行了大胆的制度创新,形成了一套崭新的区域公共管理制度框架,这使泛珠三角区域合作走上了制度化和规范化轨道。在实际的运作中,泛珠三角区域政府合作形成了自身的特色:一是创设了区域合作的公共制度平台;二是构建了有效的合作协调机制。从合作的制度平台来看,它包括"泛珠三角区域合作与发展论坛"和"泛珠三角区域经贸合作洽谈会",二者均由9省(区)人民政府和香港特区政府、澳门特区政府共同主办;同时,国家发展和改革委员会、商务部、国务院港澳事务办公室、国务院发展研究中心担任论坛指导单位。按照规定,论坛和洽谈会每年举办一次,按照"共同主办,轮流承办"的原则由"9+2"政府轮流承办。泛珠三角区域合作的协调机制,主要由五种具体制度安排构成:①行政首长联席会议制度。它由内地省长、自治区主席和港澳特别行政区行政长官组成,每年举行一次会议,研究决定区域合作重大事宜,协调推进区域合作。②行政首长联席会议秘书处。它内设于行政首长联席会议之下,有秘书长1名,常务副秘书长2名,其中1名负责秘书处日常工作,另1名由承办当届"论坛"和"洽谈会"的政府委派。③政府秘书长协调制度。它由9省(区)政府秘书长或副秘书长,香港特区和澳门特区政府相应官员组成。④日常工作办公室工作制度。"9+2"各成员方设立日常工作办公室,负责区域合作日常工作。9省区的日常工作办公室设在发展改革委(厅),香港特区、澳门特区政府确定相应的部门负责。⑤部门衔接落实制度。主要负责对政府行政首长联席会议决定的与本部门有关的事宜制定互相衔接的具体工作方案、合作协议、专题计划等工作。

2008年国务院在《珠江三角洲地区改革发展规划纲要(2008—2020年)》中提出"支持粤港澳三地在中央有关部门指导下,扩大就合作事宜进行自主协商的范围;鼓励共同编制区域合作规划。"之后,粤港澳三地政府陆续提出"湾区发展计划"和"湾区经济"的概念,就共同建设粤港澳大湾区达成共识。自2009年广东省委、省政府出台《关于推进与港澳更紧密合作的决定》,提出粤港澳紧密合作的具体措施与办法,2010年广东省与香港特区正式签署《粤港合作框架协议》,2012年粤港澳三方联合发布《共建优质生活圈专项规划》,从环境生态、低碳发展、文化民生、空间协调发展、绿色交通五个领域提出了共建优质生活圈的区域发展愿景和合作建议,为粤港澳大湾区绿色金融合作奠定了基础。2015年3月,国家发改委、外交部、商务部联合发布了《推动共建丝绸之路经济带和21世纪海上丝绸之路的愿景与行动》,明确提出"深化与港澳合作,打造粤港澳大湾区"。2016年的"两会"将"携手港澳共同打造粤港澳大湾区,建设世界级城市群"写入"十三五"规划。大湾区城市群的提出,是包括港澳在内的珠三角城市融合发展的升级版,将粤港澳大湾区建设从区域经济合作,上升到全方位对外开放的国家战略布局。

2017年是香港回归20周年庆,粤港澳大湾区规划进一步推进。3月5日,李克强总理在政府工作报告中提出,研究制定粤港澳大湾区城市群发展规划,并将其列入国家发改委年度重点工作。紧接着4月、5月时任香港特区行政长官梁振英率团多次考察粤港澳大湾区,与内地政府探讨大湾区城市群共同发展合作问题。7月1日,在习近平总书记的见证下,香港特区行政长官林郑月娥、澳门特区行政长官崔世安、国家发改委主任何立峰、广东省省长马兴瑞共同签署了《深化粤港澳合作推进大湾区建设框架协议》,目标将粤港澳大湾区打造成国际一流湾区及世界级城市群。与此同时,《粤港澳大湾区城市群发展规划》上报稿已基本定稿。粤港澳大湾区蓝图已经基本绘就,"粤港澳大湾区"从概念逐步走向现实。

(2)当前各城市政府合作态度积极。据了解,近期珠三角很多城市都在酝酿并提出打造湾区经济、加快与港澳合作交流等设想,相关领导讲话和政府公布信息主要如下:

香港特区政府在近几年对制定粤港澳大湾区规划给予积极回应,前任香港特区行政长官梁振英表示,将积极参与"粤港澳大湾区"建设,当好"超级联系人"。将继续保存和巩固香港特区的核心优势,包括基础产业、创新联系能力、人才聚集、基建配套和技术优势;营造和加强三个空间发展方向,包括发展三个商业中心区，新发展区结合大型的交通基建，发展新的经济活力节点，以及坚守宜居城市可持续发展的原则。时任特区政府规划署署长凌嘉勤表示，香港特区处在粤港澳大湾区出海的前沿位置，与内地城市往来频繁。业界认为，大湾区有望成为香港特区发展的新机遇。

澳门特区政府近年来不断抓住国家推进"一带一路"建设及"十三五"规划的机遇。现任澳门特区行政长官崔世安表示，将充分发挥地域优势，与珠三角其他城市一起，抓住国家推进"一带一路"建设及"十三五"规划的机遇，共同参与粤港澳大湾区建设。

广州市在2016年提出，将加快南沙城市副中心建设，强化南沙对珠三角及全国的辐射功能，形成粤港澳大湾区的核心支撑点，促进广州与周边城市共同建设布局更加合理、功能更加完善、联系更加紧密的大珠江三角洲世界级城市群。现任广州市委书记任学锋再次表示，将加快南沙城市副中心建设，强化南沙对珠三角及全国的辐射功能，形成粤港澳大湾区的核心支撑点。

深圳市2014年在政府工作报告中首提湾区经济，并作为粤港澳大湾区建设的倡导者在2017年政府工作报告中提出，"始终在全球坐标系下谋划开放布局，把携手建设粤港澳大湾区作为重塑开放发展新优势的重大战略，以创新投资贸易规则为突破口，以构建新的战略通道为抓手，以区域协同联动为支撑，实现更高水平内外联动和双向开放。"前任深圳市委书记许勤表示，将加快建设国际科技、产业创新中心，携手打造粤港澳大湾区。

佛山市现任市委书记鲁毅首次抛出"佛山思路"，即把国家和省赋予的使命和任务作为定位佛山角色的坐标，着重扮演好三个角色：突出制造业，打造大湾区的制造重镇；突出广佛同城，打造大湾区的核心区；突出承东启西的区位优势，打造大湾区辐射带动粤东西北振兴发展的桥头堡。

珠海市在2016年12月第八次党代会上提出，"建设粤港澳大湾区创新高地"是今后五年的四大重点目标之一。随后在2017年1月珠海两会的政府工作报告中，提出珠海要"更加注重改革开放，加快建设粤港澳大湾区的桥头堡。"时任珠海市长郑人豪表示，将加快把珠海建设成为连通港澳、对接大西南和粤西的粤港澳大湾区重要桥头堡。

中山市在2016年提出，有必要建设一条串联广州、中山、珠海、澳门特区核心城区的高速铁路,实现半小时由广州珠江新城到达中山中心城区、1小时到达澳门特区,推动粤港澳大湾区城市群加快发展。前任中山市委书记陈如桂表示,将推动粤港澳大湾区城市群加快发展。

江门市前任市长邓伟根表示,将打好"侨"牌和"珠西门户"两张牌,主动融入粤港澳大湾区规划建设,做好"传""接"的"中卫"角色。

5.1.2 各城市已有的绿色金融成果

5.1.2.1 香港特区绿色金融成果

(1)绿色金融政策的制定。港交所ESG披露制:2011年12月,港交所发布了《环境、社会及管治报告指引》(以下简称《指引》)的咨询文件,《指引》对上市公司环境保护等方面提出了信息披露的建议,并且对不同的层面制定了不同的披露指标。2013年将《指引》作为常规建议列入了《上市规划》的附录。在香港特区,上市公司需要识别并汇报具有重要环境及社会影响的相关环境、社会及管治的主要范畴、层面及关键性绩效指标,使投资人和权益人了解发行人在环境、社会及管治方面的表现。2017年,将《指引》主要范畴环境的关键绩效指标由建议披露升至"不遵守就解释"。

香港特区质量保证局推出"绿色金融认证计划":香港特区质量保证局启动第三方"绿色金融认证计划",支持投资环保项目,推动绿色金融发展,以支持可持续发展和应对气候变化。对此,香港特区政府鼓励香港特区、内地和海外企业利用这个认证计划和香港特区的资本市场为绿色项目进行融资。这个认证计划参考了多个国家的标准,是国际标准的"香港化",使标准更加适应香港特区的发展。该计划为绿色金融发行者提供第三方认证服务,已经在2018年3月开始实行。

政府支持企业通过绿色认证进行融资:特区政府表示鼓励企业利用认证计划,期望推动内地、"一带一路"沿线、更大范围的国际投资者通过香港特区资本市场为绿色项目进行融资。香港特别行政区政府2018~2019年度财政预算案提出,将推出上限1000亿港元的绿色债券计划,募集资金所得将拨入基本工程储备基金,为绿色项目提供资金。《安排》还希望香港特区发挥其环境以及规划管理的专业优势,使"一带一路"沿线的项目符合可持续发展要求。

国家发改委的支持：国家发展改革委员会公布《国家发展和改革委员会与香港特别行政区政府关于支持香港特区全面参与和助力"一带一路"建设的安排》（以下简称《安排》）。《安排》指出，推动基于香港特区平台发展绿色债券市场，支持符合条件的中资机构为"一带一路"建设相关的绿色项目在香港特区平台发债集资；推动建立国际认可的绿色债券认证机构。

（2）绿色金融机构的构建。香港特区金融发展局：2016年5月，香港特区金融发展局发布《发展香港成为区域绿色金融的中心》的报告，报告就如何巩固香港特区在绿色金融方面的领导地位提出多项建议，包括：第一，由受政府和公营机构管控的发行人发行基准"绿色债券"；第二，成立绿色金融咨询委员会或同类机构，以制定长远工作重点及提供协助；第三，举办有关绿色金融和投资的全球会议，以及一系列的座谈会；第四，借助大学和专业团体培育绿色金融人才，确保人才供应；第五，为绿色金融项目和证券设立"绿色金融标签计划"，从而吸引新发行人和新投资者来港。

香港联合交易所有限公司：香港联交所上市公司为企业通过绿色债券进行融资提供支持，多家企业通过香港联交所发行绿色债券。

香港碳排放权交易所：香港特区排放权交易所是香港特区唯一的环境资源商品交易平台营运机构，经营综合性环境资源商品及衍生性金融产品，主要服务包括各类商品的交易、结算及交割、存管及节能减排相关资讯与咨询服务。香港碳排放权交易所又与中国各碳交易试点市场建立战略合作关系，积极为推进中国碳交易市场国际化做出贡献，为全球投资者提供涉足未来全球第一大碳交易市场的机会。

（3）绿色金融产品的创新。香港特区环境保护署对绿色运输试验基金批出第八批申请，资助香港业界试验绿色运输技术。

香港特区地产巨头太古地产宣布，成功发行首批总额5亿美元的十年期绿色债券，年息率为3.5%。

香港中华煤气公司发行绿色债券时，其发行框架参照《绿色债券原则》（2017）中列明的国际标准制定，这是香港特区第一次由能源供应商发行符合《绿色债券原则》及独立意见的债券。

港铁于2016年11月首次发行总值6亿美元的10年期绿色债券，最终获得超过14亿美元认购。集团决定将发行规模增至6亿美元,并按指引息差下限,即10年期美国国库债券息率1.737%加80个基点,以年息率2.537%作为定价。

在香港特区众多行业进行绿色债券产品创新之后,香港特区的绿色债券发展进入新时期。

表5-1 2018年1~5月香港特区绿色债券发行部分实例

发行人	日期	发行金额
太古地产	2018年1月	5亿美元
当代置业	2018年2月	3.5亿美元
天津轨道交通集团有限公司	2018年3月	4亿欧元
亚洲开发银行	2018年3月	4亿港元
亚洲开发银行	2018年3月	1亿港元
北京首都创业集团有限公司	2018年3月	6.3亿元人民币
北京首都创业集团有限公司	2018年3月	5亿美元
欧洲投资银行	2018年4月	15亿美元
世界银行	2018年4月	10亿港元
朗诗绿色集团有限公司	2018年4月	1.5亿美元
远景能源国际有限公司	2018年4月	3亿美元
中国银行（香港）分行	2018年5月	30亿港元
中国银行（伦敦）分行	2018年5月	10亿美元

资料来源：香港特区金融管理局。

（4）绿色金融的宣传。香港特区金融发展局呼吁应当利用香港特区具备的独特优势条件发展绿色金融,并成为区内先导者,切勿错失良机,让其他城市捷足先登。并且强调,大力发展"绿色金融"将促进香港特区就业及投资管理、保险、私募基金等行业发展。金融发展局建议香港特区政府在短期内发行政府及公营机构管理的绿色债券,成立"绿色金融咨询委员会"举办有关的全球会议,以及联手大学等专业团体共同培育绿色金融人才。

5.1.2.2 澳门特区绿色金融成果

（1）绿色金融政策制定。《内地与澳门关于建立更紧密经贸关系的安排》经济技术合作协议中提出,支持泛珠三角区域各省区进一步结合澳门特区国际环保合作发展论坛及展览（MIECF），打造 MIECF 成为泛珠与葡语国家、欧盟国家的环保产品、技术、知识产权交流合作平台，支持澳门特区探索发展绿色金融平台。

澳门特区行政长官崔世安在 2018 年施政报告中指出，要加快各项城市建设。在此范畴他提出了五方面：完善应急机制，强化公共安全；建设智慧城市，提升城市竞争力；综合治理交通，构建宜行城市；保护生态环境，推广绿色发展；发展多元文化，加强文化软实力。

2019 年 3 月 29 日，澳门特区金融管理局主办以"发挥澳门平台作用，以绿色金融支持大湾区共同发展"为主题的绿色金融论坛，邀请来自内地及澳门特区的环保和金融领域专家，就粤港澳大湾区绿色金融发展作深入探讨。澳门特区金融管理局致力于完善金融基建、优化政策配套，与湾区其他城市有序对接，充分利用澳门特区的中葡平台优势，推动湾区与海外的绿色金融市场互联互通。

（2）绿色产业发展。由澳门特区政府成立的环保节能基金，主要是为了改善管理技术、促进节能减排、保护水资源等跟环保产业息息相关的产业。该基金可以资助澳门特区的企业和社会团体购买、更换环保节能产品及设备，以提高其环保能力，务求进一步推动环保工作以及环保产业的发展，截至目前批出的金额已经超过了 3.9 亿澳门元。

"澳门环保酒店奖"活动由环境保护局主办，旅游局协办，并由澳门特区酒店旅业商会、澳门特区酒店协会、澳门特区生产力暨科技转移中心以及澳门酒店旅业职工会作为支持机构，香港特区生产力促进局为顾问机构。"澳门环保酒店奖"自 2007 年起每年举办，设立的目的一方面在于鼓励酒店逐渐提升环保方面的资源投入，另一方面通过奖项活动本身，促进酒店业实施环境管理，落实执行环保措施及相关环保法例，以持续提升酒店业的环保表现。

（3）绿色金融宣传活动。澳门特别行政区政府主办的"2018 年澳门国际环保合作发展论坛及展览"（2018MIECF），通过绿色论坛发挥国际环保交流平台的作用。配合绿色发展及金融合作的环球大趋势，大会与澳门特区金融管理局合作举办论坛，探讨绿色金融创新如何推动全球社会、环境及经济的可持续发展，共享绿色成果。2018MIECF 于 4 月 12 ~ 14 日在澳门特区举行，活动主题为"构建生态城市共享绿色经济"。

5.1.2.3 广州绿色金融成果

(1) 绿色金融政策制定。近年来，广州在绿色金融建设上的步伐逐渐加快。2016年8月，央行等七部委共同发布了《关于构建绿色金融体系的指导意见》，我国成为全球首个由政府推动并发布政策明确支持"绿色金融体系"建设的国家。2017年6月23日，中国人民银行等七部委联合下发《广东省广州市建设绿色金融改革创新试验区总体方案》（以下简称《总体方案》），广州市花都区成为华南地区唯一一个绿色金融改革创新试验区。

广州积极加强绿色金融研究，把绿色金融作为广州构建现代金融服务体系的方向和抓手，并纳入广州金融业规划予以重点推进。在《广州区域金融中心建设规划（2011—2020年）》《广州市构建现代金融服务体系三年行动计划（2016—2018年）》《广州市金融业发展第十三个五年规划（2016—2020年）》等规划政策中，低碳金融、绿色金融均被列为重点工作进行谋划。同时，2017年省、市政府工作报告也将发展绿色金融、探索建设广州绿色金融试验区作为工作内容。

广州税务部门发布关于支持绿色金融改革创新试验区的10项纳税服务举措，具体包含：优化税务登记流程、落实税收优惠政策、国地税业务"一窗通办"、设立绿色办税通道、"税库银"协议国地税联合签约互认、健全纳税信用管理机制、建立常态化的税企联系沟通机制、大力推进电子税务局建设、规范各类涉税检查、打造阳光税务。

(2) 绿色金融机构创建。广州绿色金融机构主要设在花都，花都区在迎宾大道中段，打造了长约600米、建筑面积约8万平方米的绿色金融街。目前，附近地铁9号线莲塘站已开通，绿色金融街政务分中心已进驻，实行"一窗通"综合受理，为企业提供全方位立体政务服务。2017年12月28日，花都国家级绿色金融街投入运营，绿色金融街政务服务分中心同步开放；广州以"核心在花都、节点在各处、广州一张网、扩展到全省、服务大周边"的发展格局，举全市之力加快推进绿色金融试验区建设。

(3) 绿色金融产品创新。

1) 绿色产业发展状况。自2016年起，广州绿色产业总体上发展态势良好。截至2016年，节能环保产业收益是345.8亿元，其中规模以上工业企业为140亿元，规模以上服务业营业收入为204.82亿元。产业体系初步成型。高效节能，专用设备制造业、环保产业以及资源循环消费产业都得到稳固提升和发展；产业聚集化发展趋势明显，广州市发改委积极培养骨干企业，形成了广州科学城环保产业聚集区域，产业自主创新能力增强。

2）绿色产业投融资现状。广州市发改委 2017 年大力推动相关产业投资改革，提高相关审批效率，鼓励企业开展更多渠道的融资合作。为了更好地推动绿色产业的规划，发改委采取了以下举措：第一，做好政策保障，与其他部门建立新型融资体制。第二，建立绿色产业融资平台，实现重大融资项目对接，为绿色产业项目提供融资保障。第三，统筹全市政府及 PPP 的项目合作，吸引社会资本投资绿色产业项目。第四，推动绿色债券市场发展，提高直接融资比重。第五，设立多只政府性投资基金，引导相关产业企业壮大发展，支持绿色金融平台搭建。此外，广州市花都区在人民银行广州分行的大力支持和指导下，建设了试验区绿色企业和项目融资对接系统，为绿色企业和项目提供产融对接服务。中国工商银行花都分行在试验区为东风日产量身定制了供应链融资方案，有效解决了中小经销商的融资问题。浦银金融租赁股份有限公司成功支持广州市花都区燃油公交车进行电动化置换，为新能源公交车融资租赁模式提供经验。

3）绿色信贷发展情况。截至 2017 年末，广州地区中资银行业机构绿色贷款余额 2100.7 亿元，占中资银行业机构各项贷款的 6.3%。广州银行去年审批的绿色信贷将近 100 个亿，主要是以垃圾焚烧和水处理为主。现阶段规模占比为 3%，目标到 2020 年提升到 10% 以上，投放项目主要以绿色产业为主。中国工商银行花都支行在试验区创新推出绿色供应链融资方案支持绿色企业——东风汽车有限公司东风日产乘用车公司，以绿色金融助力汽车销售。从 2017 年初至 2018 年一季度末，该行累计为东风日产办理汽车供应链融资 8133 笔，总金额 194 亿元，余额 30 亿元，融资利率 4.35%，累计为经销商降低财务成本 0.4 亿元，目前融资不良额为零。

4）绿色债券发展情况。2015 年 12 月，国家发改委办公厅发布绿色债券发行指引，根据指引的定义，绿色债券是指募集资金用于支持节能减排技术改造、绿色城镇化、清洁能源高效利用、新能源开发等 12 类项目的债券。其适用范围比较广，审核效率比一般债券高，所以符合条件且有发债需求的企业都会往绿色债券靠。广东 2017 年发行的八只债券中，有三只是绿色债券，占比较高，在所有的专项债券中排名第一。2018年至今新申报的一只债券,就是绿色债券。广州绿色债券进入"试水"阶段。2018年,广东华兴银行获准发行绿色金融债券额度50亿元,目前已成功发行30亿元;广州越秀集团发行内地造纸行业第一宗绿色债券(品种为中期票据),募集20亿元资金用于广州的再生纸项目;广州发展集团获批发行48亿元绿色企业债券,首期成功发行24亿元,募集资金用于广州市天然气利用工程四期工程建设。

5)绿色保险发展情况。自2013年广州开展环境污染责任险试点以来,截至2016年累计投保企业186个,累计投保339家(次),投保企业数量占全省45%左右,总缴保费达1383.5万元,保障金额达6.88亿元。在绿色信用体系方面,广州市开展了企业环境信用评价工作,建立环境保护"守信激励、失信惩戒"机制,2016年共有214家企业积极参加环境信用评价,评价结果向社会公开,供金融机构发放绿色贷款、发行绿色债券等参考。目前广州市花都区已分别与中国人保财产保险、平安财产保险、阳光农业保险等保险公司合作开发"蔬菜降雨气象指数保险""绿色农保+""绿色农产品质量安心追溯保险""绿色产品食安心责任保险"等创新型绿色保险产品。"蔬菜降雨气象指数保险"已在试验区内开展试点。另外,花都区长兴纸业有限公司成功使用碳排放配额额度质押权作为抵押进行融资,在人民财产保险公司广州市分公司投保企业贷款保证保险,探索开展碳交易履约保证保险业务。

6)绿色基金发展情况。绿色基金创新不断。目前粤科金融集团、平安银行等机构发起设立63亿元规模的广东环保基金母基金,撬动超200亿元社会资本投向粤东西北等地区生活垃圾和污水治理领域;粤财信托有限公司通过创立"亚洲开发银行贷款广东节能减排促进项目资金信托计划"、设立产业基金等方式募集22亿元资金,投向广东绿色环保企业及相关产业;花都区设立了3只政府引导基金(空港投资基金、广州北站基金、绿色低碳发展基金),总规模达41亿元。

(4)绿色金融宣传活动。广州在第六届金交会上举办了绿色金融专题论坛,发布了全国首个考量碳交易管控企业绿色发展能力的"中国碳市场100指数",以拟纳入全国碳市场管控的行业上市公司为样本,挑选出绿色表现良好的企业,为投资者进行绿色投资提供参考,从而激励参与中国碳市场的企业更多地进行环境信息披露并提高绿色表现水平。广州将加强利用中国（广州）国际金融交易博览会、国际金融论坛（IFF）等平台加强绿色金融对外交流合作，吸引境外特别是港澳金融机构在试验区设立机构和开展创新业务。建立健全绿色金融服务主导产业转型升级机制和绿色金融风险防范与化解机制。

5.1.2.4 深圳绿色金融成果

（1）绿色金融政策制定。2009年6月，深圳市原环保局与深圳发展银行等机构签署了绿色金融合作协议，以加强对企业的金融服务，缓解企业在严峻经济形势下环保融资难的压力。环保部门定期向银行提供具有融资需求、将进行环保升级改造的企业名单，并对企业授信额度提出建议；银行在法律、法规和金融政策允许的前提下，优先为环保升级改造企业发放贷款、开通银行结算绿色通道，提供一系列配套金融服务。为增强绿色金融的吸引力，深圳市各级政府与相关部门积极推出各项扶持政策（如绿色债券评级费用补贴与绿色保险保费补贴等），努力加大对绿色金融扶持政策的研究投入，不断强化绿色金融发展政策性保障。

绿色金融基础设施建设方面，深圳一直紧追国家脚步，在绿色项目界定标准、绿色信息披露等相关工作方面有序推进。深圳证券交易所颁布了《关于开展绿色公司债券业务试点的通知》，明确了在深交所申请绿色公司债券融资的相关要求；同时，在上市公司环境信息披露方面，深交所也积极响应证监会的要求，督促环保部公布的重点污染企业进行相关环境信息的披露。

2018年12月27日，深圳市人民政府出台了《深圳市人民政府关于构建绿色金融体系的实施意见》（以下简称《实施意见》），以进一步深化深圳市供给侧结构性改革，构建独具深圳特色的绿色金融体系。《实施意见》有以下五大亮点：一是从多个方面提出了一系列金融支持绿色产业发展的细化政策措施；二是出台了具体的财政支持措施；三是大力发展绿色基金；四是首次明确指出支持社会资本发起设立专业化碳市场融资担保机构；五是保障机制到位，搭建政策研究与市场沟通的平台。

（2）绿色金融机构创建。深圳绿金委助力绿色金融发展。2017年6月27日，深圳经济特区金融学会绿色金融专业委员会正式成立。深圳绿金委在市政府和中国人民银行深圳市中心支行的指导下，致力于搭建政策研究与市场沟通的平台，有效协调深圳业界、政府以及监管部门之间的合作，同时积极联合香港特区等境外资源，共同推进深圳绿色金融的发展与生态文明建设。目前，深圳绿金委的相关规章制度与工作机制建设已经完成，下一步绿金委将重点开展以下七个方面的工作，简称"七个一"工程：开展"一个研究"，即研究开发"中国绿色金融中心城市指数"；制定"一个标准"，即制定绿色基金评价认证标准，这一工作已纳入中国人民银行牵头的全国绿色金融标准化研究工作的框架之下；填补"一个空白"，即成立专业化绿色担保公司，填补国内此项领域的空白；推进"一个试点"，即积极推进深圳申报国家第二批绿色金融改革创新试验区的有关工作；推出"一批产品"，包括绿色债券、碳金融、绿色保险、绿色指数、绿色信贷等方面的创新产品；探索"一条可复制推广的经验"，即探索用金融手段将环境权益未来收益权快速变现，整合绿色产业上下游资源，为解决环境外部性内生化的世界难题探索一条可复制推广的经验；推动"深港合作"，即从深圳绿金委组织架构、运作机制到绿色金融业务产品，寻求推动深港绿色金融领域的深入合作。

企业助力绿色金融发展。深圳市高新投集团有限公司（以下简称深圳高新投）积极响应推进供给侧结构性改革号召，不断聚集各种优质资源，大力发展绿色金融。2010年起，深圳高新投积极践行《深圳环境质量提升行动计划》，主动与市、区政府展开合作，引导资金投向节能环保、清洁能源、低碳减排等绿色环保领域，为符合条件的绿色企业提供高效金融服务，助力可持续发展。据统计，2013年至2017年7月，深圳高新投已为243家环保企业、336个环保节能项目累计提供23亿元的担保资金支持，处在行业前列。

（3）绿色金融产品创新。深圳绿色金融虽然处于起步阶段，但却具有财政资金充足、资本市场发达、区位优势明显等优势。各项绿色金融业务有序开展。

1）绿色信贷方面，银行业金融机构是深圳市绿色金融发展的主体。2017年上半年，辖内银行业金融机构投向污染治理、资源节约、清洁能源等领域的绿色信贷资金共计1004.54亿元，同比增长27%，占同期深圳各项贷款的2.3%，占深圳绿色金融业务总量的50%。2017年深圳市节能环保项目及服务贷款余额为1165亿元。

2）绿色债券方面，证券公司积极参与绿色债券的承销发行工作。截至2017年8月末，辖内八家证券公司开展了绿色债券的承销工作，承销金额合计550.8

亿元，占全国绿色债券发行总量的 18.4%。其中，由招商银行主承销的"中国电力新能源发展有限公司 2017 年度第一期绿色非公开定向债务融资工具"成为全国首单非金融企业绿色熊猫债。截至 2018 年上半年，深圳市仅有格林美股份有限公司与东江环保股份有限公司两家公司发行了绿色企业债与绿色公司债，融资总额 11 亿元。

3）绿色基金方面，基金公司积极强化绿色投资理念，着力推动绿色指数基金发展。截至 2017 年 8 月末，深圳共有十家基金公司推出了 15 只绿色基金产品，占国内绿色基金产品总数的 30.6%；产品规模 70.82 亿元，约占国内绿色基金产品总规模的 15%；产品涵盖股票指数型基金、混合型投资基金与股票型投资基金等多种形式，其中绿色指数型基金为多家基金公司所青睐。

4）绿色保险方面，保险公司重视环境污染责任险的发展。截至 2017 年 8 月末，深圳绿色保险主要包括环境污染责任险、新能源企业财产险与环保项目工程险三个主要类别，涉及企业 100 多家，保额合计 60 多亿元。其中，环境污染责任险是深圳市绿色保险的主要险种（占比达 80%），市场呼吁推出环境污染强制责任保险制度，促进绿色保险市场更大发展。

5）碳排放交易方面，深圳是国家首批低碳试点城市。2010 年 9 月，深圳市政府批准成立深圳排放权交易所。2013 年 6 月，深圳排放权交易所正式启动碳排放权交易，成为国内首个启动碳排放权交易的交易平台。截至 2017 年 12 月底，深圳排放权交易所会员开户数共计 2272 户，深圳碳市场配额总成交量为 2935 万吨，总成交额为 9.04 亿元；CCER（中国核证减排量）总成交量为 1105 万吨，总成交额为 1.48 亿元；深圳碳市场总成交量为 4040 万吨，总成交额为 10.52 亿元，创下深圳碳市场最新纪录。

除了上述主要的绿色金融业务以外，深圳市场上还有绿色信托、绿色金融租赁、绿色债券评估认证等绿色金融产品与服务，业务规模虽然不大，但业务品类较为齐全。

同时，碳金融也极大地助力了深圳绿色金融发展，作为全国首批碳交易试点城市，深圳碳金融创新走在全国前列。截至 2017 年，纳入深圳碳排放权交易体系管控范围的单位已达 824 家，建立起多层次碳交易市场，碳配额交易市场也保持着较高的活跃度。在发展绿色金融方面，深圳碳市场结合特区金融业发达的特点，创新性地推出了具有融资、碳资产增值、风险管理等功能的多种形式的碳金融创新产品，曾创造了全国首单"碳债券"、全国首家向境外投资者开放的碳交易平台、全国首只私募碳基金、全国首笔绿色结构性存款、全国首单跨境碳资产回购交易业务等一系列碳市纪录。

（4）绿色金融宣传活动。从深圳经济特区金融学会绿色金融专业委员会获悉，12月13日，在联合国环境规划署于巴黎举办的"金融中心：调动资本加速气候变化行动"会议上，深圳、多伦多、日内瓦、苏黎世、法兰克福五个金融中心城市一起，宣布加入"全球金融中心城市绿色金融联盟"。该联盟旨在分享推进绿色及可持续金融发展的经验，并就共同认定的优先事项采取行动。加入"全球金融中心城市绿色金融联盟"，将进一步提升深圳在绿色金融方面的国际知名度，推动深圳在全球范围探索绿色发展之路，也将进一步推动深圳在更高层次、更大范围开展绿色及可持续金融发展工作。

5.1.2.5　佛山绿色金融成果

（1）绿色金融政策制定。2012年佛山市在城市发展新区重点推广绿色建筑理念。佛山市政府发布《关于加快推广绿色建筑的意见》（以下简称《意见》）向公众征求意见。《意见》指出对于列入可再生能源产业发展指导目录的绿色建筑项目，建设单位将依法享受该项目的税收优惠政策。项目建设单位从事环境保护、节能节水项目所得和使用列入省推广目录的建筑节能新技术、新工艺、新设备、新产品和新材料的，同样依法享受税收优惠政策。

2017年佛山市环保局启动了《佛山市中小微企业环境治理信贷风险补偿基金》设立的前期工作，落实佛山市委市政府关于环境监管与环境服务并举的环保"暖春行动"决策部署，积极推动中小微企业环境治理，鼓励金融机构加大对环保信贷支持力度，促进构建绿色金融服务体系。

佛山市为了跟进中央环保督察整改工作，深化环境制度改革，完善法治建设，夯实环保机制体制，已出台《佛山市环境保护"党政同责、一岗双责"责任制考核办法》和《2017年佛山市环境保护"党政同责、一岗双责"责任制考核计分方法及操作细则》，以考核调动各级党委政府及市直各有关部门对环保工作齐抓共管，推动重点环保任务落实到位。

(2) 绿色金融产品创新。

1) 排污权有偿使用和交易。2016年5月，作为广东省首批试点城市之一，佛山市率先公布了排污权有偿使用和交易试点制度征求意见稿，将1600家重点排污企业纳入试点范围。2016年4月，顺德区作为广东省VOCs（挥发性有机化合物）排污权交易试点，已成功进行了首批排污权竞价交易。佛山市2015年已有13家企业被纳入发改委的控排企业中，必须在一级市场进行配额交易。2016年控排范围继续扩大，在钢铁、电力、石化、水力4个行业基础上，再增加建材、造纸、航空、有色4大行业，另外还包括原油加工、乙烯等18个子行业。随着新环保法的推行，佛山企业越发重视节能减排和降碳。相信节能减排的推进和有偿排放相关机制的建立与完善，将降低社会整体排污量，并提高排污企业的减排意识，促进生产工艺自主革新，降低企业成本，从而全面提升环境质量。2018年4月，佛山排污权有偿使用和交易正式启动，成为全省首个试点城市。下一步，佛山将在全面开展排污权有偿使用和交易试点工作的基础上，逐步完善试点制度，将排污权由当前行政分配、无偿取得的传统方式，逐步转变为由市场竞争分配、有偿占用的方式获取，使全市稀缺的环境容量资源得到优化配置。同时，佛山还积极探索绿色经济和环境投融资创新机制，促进佛山供给侧结构性改革和制造业绿色升级。据佛山市环保局相关负责人介绍，佛山将开发排污权质押信贷、环保产业发展基金等绿色金融服务产品，积极培育、扶持和发展壮大节能环保等新兴战略产业，并探索建立绿色技术促进资金，对主动开展转型升级、技术改造、节能降耗、先进适用技术研发、资源综合利用、污染深化治理等工作并取得示范成效的企业予以支持。

2) 绿色信贷。近年来，佛山市多渠道构建金融合作格局，为节能减排和低碳经济发展提供金融服务。银行抵押贷款的观念正在转变，目前银行更注重的是企业是否环保，产业是否有发展潜力等，贷款首先看企业的环保信用。绿色信贷牵手低碳经济，正以金融资本手段推动区域低碳经济发展再次向前迈步，政府全力支持金融业与企业在推进绿色低碳方面的合作。佛山市工商银行是较早对"绿色信贷"作出回应并付诸实施的商业银行。该行自2007年提出"绿色信贷"以来，经过十几年的发展，"绿色信贷"理念已渗入各个信贷环节。在把好准入关的同时，该行主动引导资金退出高污染、高耗能及产能过剩行业，否决了一批高污染、高能耗、维修设备较差或存在破坏生态环境隐患的项目。浦发银行等金融机构适时推出了绿色金融产品，推动节能减排工作。为支持南海区发展低碳经济和循环经济，浦发银行总行已下达专项信贷指标，即南海区浦发银行绿色信贷指标不受总量的限制。2010年，南海区还举行了绿色信贷促进低碳经济发展银企对接会。在产业升级和环境再造中，佛山市关停了大批高污染企业，其中离不开银行停止"供血"发挥的作用。实际上，推行"绿色信贷"已经成为目前佛山银行业共同奉行的理念。建设银行、工商银行均表示信贷准入、授信、审批、贷款发放等环节的信贷决策必须以符合国家产业政策、环境管理、污染治理和生态保护要求为前提，对环保不合格的企业、项目实行一票否决。2019年一季度，佛山市建设银行绿色信贷项目投放9.5亿元，绿色信贷余额29.25亿元，增速达48.47%，主要集中在清洁交通、清洁能源和节能减排领域。在银行高举绿色信贷旗帜的同时，各级政府也积极介入，建立政银企联动机制，将企业的环境信息纳入企业信用信息系统，通过环保部门与金融系统的信息共享和资源整合，实现运用经济手段提升环境监督管理效能的目标。环保部门根据企业的环境行为，对其进行环保诚信、环保警示和环保严管三个信用级别的评定，并分别标示为绿牌、黄牌、红牌。获得绿牌的环保诚信企业在申请上市、再融资或申报名牌产品等方面，将得到有限审查或免予现场核查的便利。而对于获得红牌的环保严管企业，环保部门则通报银行等金融部门，对其今后的上市、贷款、融资等业务进行限制。自绿色信贷机制实施以来，禅城区环保局已向中国人民银行佛山分行报送企业环境违法信息5期，涉及违法企业数量67家，处罚金额358万元。南海区还扩大了环保信用管理制度的范围，管理体系中的企业由2009年的174家增加至252家。南海区2009年共对174家企业的环境保护信用情况进行了审核，评出环保诚信企业（绿牌）90家、环保警示企业（黄牌）64家、环保严管企业（红牌）20家，分别占参与评级企业的51.7%、36.8%和11.5%。

3）绿色产业支持。南海区成为华南绿色产业"试验田"，2012年6月获批建设集聚区，目前在集聚区的核心园区桂城瀚天科技城，已规划10000平方米的面积，定位为国家级环保产业公共服务平台、集聚区对外展示窗口、产学研金融合作载体、环保新技术和新产品不落幕的博览会、产业发展引擎和助推器。平台包括展示中心、检测认证中心、方案解决中心、科技金融合作中心、信息发布中心、企业招商服务中心、对外交流合作中心七大部分。南海区已建设和引进中科院环境与安全检测认证中心、广东联合环境能源交易所、日本大和、上海巴安、广东海逸等20多个知名环保企业和专业机构落户，新增投资6亿元，涵盖了检测认证、方案解决、技术研发等多个环保领域，初步显现集聚效应与影响力。

5.1.2.6 东莞绿色金融成果

（1）绿色金融政策制定。近年来，有"世界工厂"美誉的东莞对绿色金融的崛起表示了密切关注，越来越注重与生态保护并肩而行，并不断调整优化结构，加快经济转型升级。2016年12月，时任东莞市长梁维东主持召开市政府常务会议，审议通过了《东莞建设金融强市总体规划（2016—2025）》，提出要以"建设东莞金融强市"为总目标，以"促进实体经济发展、支持产业转型升级"为主线，逐步调整金融产业结构布局。在信贷市场方面，争取到2025年达成力争全市境内外上市企业超100家的目标。除此以外，东莞市近年来围绕"创新、协调、绿色、开放、共享"五大发展理念，谋求"绿色崛起"，推行水乡特色经济发展区，整改关闭"高耗能、高污染、低水平"企业，努力改善环境生态，显现地方绿色发展活力，为绿色金融的实力发展表达出了真挚的诚意。

2018年1月12日，东莞市环境保护局起草了《东莞市排污权有偿使用和交易试点管理暂行办法（修订版）》，向社会公开征求意见。东莞市鼓励金融机构创新金融服务手段，希望引进金融机构提供排污权相关融资、清算等绿色金融服务。现有排污单位通过二级市场交易获得的排污权收益，在扣除有关税费、交易费用后，为排污单位所有。

（2）绿色金融产品创新。2017年3月24日，东莞农村商业银行首个环保产业金融品牌"绿融通"正式发布。作为东莞金融业首个环保产业金融品牌，"绿融通"为环保企业提供传统信贷、投行业务、交易结算等方面的综合金融服务，同时为东莞市政府"倍增计划"内的优质企业提供最高5000万元额度的免抵质押贷款等优惠。东莞农商行还公布了环保产业综合金融服务的两大措施：一是环保产业客户"1+N"专享优惠计划，对于经营良好、有一定实力的环保企业，东莞农商行可提供最高5000万元额度的免抵质押贷款、存贷款利率优惠、绿色办贷通道等8项优惠服务；二是量身定制系列创新金融产品，针对不同的企业或项目金融需求，研发了生态修复贷、节能贷、绿色项目贷款、环保技改贴息贷、环保租赁贴息贷、绿色产业基金、绿色PPP融资、绿色债券等多元化产品,解决环保企业融资难题。

绿色金融债券:2017年9月8日,东莞银行在全国银行间债券市场公开发行2017年第一期绿色金融债券,发行规模为20亿元,期限为3年,票面利率为4.75%。此次发行的绿色金融债专项用于绿色产业项目,支持绿色金融领域的业务发展。下一阶段,东莞银行将继续加大绿色金融发展力度,精准助推绿色产业发展,为我国供给侧结构性改革注入"绿色动力"。2019年1月21日,东莞农商银行在全国银行间债券市场成功发行2019年第一期绿色金融债券(19东莞农商绿色金融01)。本期债券发行规模为20亿元,主体及债项评级均为AAA,期限3年,最终票面利率为3.5%,全场认购倍数高达7.25。本期绿色金融债券所募集的资金将全部用于支持《绿色债券支持项目目录》规定的环保、节能、清洁能源和清洁交通等绿色项目。

绿色信贷:截至2018年9月30日,东莞银行服务绿色环保产业客户840户,表内外授信余额82.57亿元。其中,属于12类节能环保项目的表内贷款金额为31.39亿元,投向节能环保、新能源、新能源汽车3类战略新兴产业的表内贷款金额为20.68亿元,合计绿色信贷余额为52.08亿元,较2018年年初增长了71.26%,风险分类均为正常,实现了绿色金融的快速、健康发展。

(3)绿色金融宣传活动。东莞市注重绿色产业的发展,2016年11月29日,"广东国际机器人及智能装备博览会"在广东现代国际展览中心开幕。此次大会,主题是"绿色制造、智造未来",展示了智能装备发展和智能制造技术在推进节能低碳等绿色制造方面的成果。

2017年12月15日,顶配中国家居绿色供应链峰会在东莞市举行。顶配中国峰会是由一批优秀的中国家居行业致力于设计研发、原辅材料、五金配件、信息化、新技术、新材料、新设备、现代物流、电商平台等领域的企业共同发起打造的家居行业优质绿色供应链平台,其目标定位是帮助中国前1000位从事家具和定制家居的企业找到前100位优秀的供应商,打造中国家居企业核心竞争力,重塑企业绿色供应链体系。本次峰会聚焦环保,致力于可持续发展战略,以实现供应链上下游的协同发展为目标,创新家居行业全供应链布局,打造一个良性的行业发展环境。

5.1.2.7 珠海绿色金融成果

(1) 绿色金融政策制定。珠海市已制定招商引资预评估机制，在招商引资阶段便对项目的清洁技术水平、生态环境和能耗指数、经济社会效益等进行量化评价，严格项目准入门槛，进一步从源头保证珠海产业高端化，依法推进绿色发展、循环发展、低碳发展。

2015年6月，珠海市政府与广东省产权交易集团有限公司就珠海市排污权有偿使用和交易试点工作签订了战略合作框架协议，借助该集团的技术力量，建立完善珠海市的运作机制、配套制度、交易平台。

2017年，珠海市印发《珠海市控制污染物排放许可制实施计划》，全面推行排污许可制管理。还印发了《珠海市排污权抵押贷款指导意见》，发展绿色信贷，助力绿色经济发展。

2017年10月，珠海市政府常务会议审议通过了《珠海经济特区绿色建筑管理办法》，明确使用财政性资金投资的公共建筑等应当执行二星级以上绿色建筑标准，并推出包括探索容积率奖励等在内的五条激励保障措施，引导绿色建筑发展。

《珠三角城市群绿色低碳发展2020年愿景目标》提出，珠三角地区到2020年基本形成绿色产业体系，积极培育节能环保等绿色产业；资源能源利用更加低碳高效，地区煤炭消费总量控制在7006万吨以内，单位GDP碳排放强度降至0.457吨二氧化碳/万元，非化石能源占能源消费总量比重提高到26%；新能源公交车保有量占比超85%；珠三角九市全部成功创建国家森林城市；全面实施城市空气质量达标管理，PM2.5年均浓度不高于34微克/立方米；珠三角九市率先推广碳普惠制，引导形成全社会绿色消费和低碳生活的良好氛围，努力走出一条具有珠三角特色的绿色低碳发展新道路。

(2) 绿色金融机构创建。珠海市目前已有许多绿色企业，例如，珠海兴业绿色建筑科技有限公司、凭借"低能耗、低噪音、高效率"的产品性能和优良的搅拌机品质荣获"2017年度预制混凝土行业绿色生产金牌供应商"的珠海仕高玛公司、从事新能源产品设计和生产及销售的高科技企业珠海兴业新能源等。

(3) 绿色金融产品创新。2016年珠海市开展了排污权有偿使用和交易的金融创新试点：一是开展主要污染物排污总量核定与分配，突出探索排污权抵押贷款、融资等绿色金融机制特点；二是开展排污权交易绩效阶段性评估，并根据评估结果，研究完善排污权交易的各项配套政策和措施，研究排污权交易市场的培育机制。

绿色债券：珠海华润银行、珠海农商银行两家法人机构积极推动发行环保绿色领域的专项债券。2017年9月，珠海华发综合发展有限公司公开发行2017年绿色公司债券审批通过，联合赤道环境评价有限公司提供第三方评估认证。

绿色信贷：珠海市银行业积极推动建立健全绿色信贷机制，将绿色信贷情况纳入KPI考核，积极探索发展新能源贷款。珠海市绝大多数银行机构的各项制度涵括了绿色金融的内容，珠海华润银行、珠海农商银行更是制定了专门的绿色信贷指引和专项统计制度，进一步明确绿色信贷的范畴和发展方向。平安银行珠海分行将绿色贷款的增长情况作为分行KPI考核的指标之一，发挥绩效"指挥棒"作用引导创新绿色信贷手段。交通银行珠海分行等银行结合珠海市基础设施重点项目建设，积极发展能效贷款、合同能源管理未来收益权质押贷款等。

绿色产业支持：2018年3月，广东省首个海上风电项目升压站受电成功，本期120兆瓦风电场项目建成投产后，预计每年可提供2.66亿千瓦时的清洁电力，节约标煤约8.66万吨，减排二氧化碳约20.67万吨，在25年的项目运营期内可节约标煤217万吨。项目依托海上风电场电力送出工程，将实现海上风电场、海岛电网与大陆电网互联互通，有效改善海岛民生，优化电网能源结构，促进地区经济发展。

（4）绿色金融宣传活动。珠海市在绿色金融宣传方面也取得了一定的成果。例如，2017中国（珠海）绿色创新电力峰会暨展览会在珠海国际会展中心开幕，会议贯彻落实了国家创新驱动发展战略，以"引领粤港澳大湾区电力创新"为主题，加强电力行业交流与合作，助力粤港澳大湾区电力产业升级和经济发展。

5.1.2.8　中山绿色金融成果

（1）绿色金融政策制定。中山市环保局联合多部门印发实施《中山市企业环境信用评价办法》，从污染防治、总量减排、环境管理、社会监督四个方面对企业进行环境信用评价，并将环保信用评价信息纳入"一体化系统"，防范信贷风险。调查显示，2016年中山市银行业通过"一体化系统"累计向117家环境友好企业授信69.7亿元，授信金额同比增长13.7%。

(2) 绿色金融创新产品。国家发改委已批复核准木林森股份有限公司发行15亿元绿色债券，这是中山市首家 A 股上市公司获批绿色企业债券，所筹资金10亿元用于年产 1000 亿支发光二极管（LED）改扩建项目，5 亿元用于补充营运资金。本期债券期限 5 年，采用固定利率形式。

2017 年，兴业银行中山分行计划新增绿色金融融资金额 15.2 亿元，计划新增绿色金融专属客户融资金额 7.6 亿元，增幅较 2016 年增长 100%。2019 年，兴业银行中山分行成功发行广东省首单民营企业绿色债券，募集资金主要用于明阳智慧能源集团风电场项目建设；交通银行中山分行向 1 户环保诚信（绿牌）企业及 16 户环保可信企业（蓝牌）给予授信，授信余额达 11.99 亿元；中山市建设银行从 2015 年至今，先后通过信贷支持中山市清洁能源领域、清洁交通领域、节能减排领域、节能环保服务领域、资源节约与循环利用领域、生态保护和适应气候变化领域、污染防治领域、采用国际惯例或国际标准的境外项目领域、节能低碳园区建设领域 9 大领域客户合计近 20 亿元，为 9 大领域客户提供"一揽子"综合金融服务方案，极大地支持了中山市绿色金融发展。2017 年一季度，建设银行中山分行向绿色信贷客户投放信贷金融 7 亿元；其他银行机构也加强绿色信贷投放的考核力度，不断优化信贷投放结构，积极支持生态保护、清洁能源、节能环保、资源综合利用等绿色经济领域的发展。

(3) 绿色产业发展情况。2015 年中山市住建局发布了《中山市低碳生态城市建设规划》（以下简称《规划》），中山市将实施全域空间低碳调控，根据全市生态结构和城镇空间布局特征，将市域空间划分为低碳发展区、减碳引导区、碳排放控制区、生态碳汇区四个低碳发展区域，提高对市域空间碳排放的整体管控效能。早在 2014 年，中山市住建局就委托中山市土木建筑学会，开展中山一星级绿色建筑评价标识工作。《规划》指出，争取到 2020 年，中山市新建建筑中绿色建筑的比例达到 80%，其中三星以上标识项目所占比例达到 10% 以上，二星以上标识项目所占比例达到 30%。东区中央商务区、岐江新城、翠亨新区将作为中山市绿色建筑重点发展建设区。

5.1.2.9 惠州绿色金融成果

(1) 绿色金融政策制定。《惠州市金融业发展改革"十三五"规划》提出，打造绿色金融体系，服务低碳生态经济。以潼湖生态智慧区建设为契机，建立绿色金融服务体系，发挥金融资源配置作用，改善外部环境。一是立足潼湖生态智慧区建设，制定和完善金融政策、发展规划以及金融重点扶持的行业名录和重点项目名录规划，推动金融重点支持新能源等绿色产业发展，鼓励银行发展多渠道的"绿色信贷"服务模式。二是鼓励信贷产品延伸至低碳产业链上下游企业，为低碳类企业提供全面的信贷融资运作模式，加快探索节能设备融资租赁、碳金融咨询等模式。三是借助中韩产业园的建设与发展，推动中韩在产业、经贸、创新和其他领域的大力合作。预计到2030年，累计引进韩资120亿美元以上，累计对韩投资20亿美元以上，新增韩资企业超450家；实现对韩进出口额230亿美元；高新技术企业产值占工业总产值80%以上，科技研发投入占GDP比重达4.8%以上，拥有或掌握自主知识产权、高新技术产品的规模以上企业达70%以上，专利授权数累计8000件以上，建设运营中韩合作创新空间孵化器2个以上。四是构建以现代金融服务外包产业体系为基础，以先进的金融科技为核心，以华南基金小镇为特色的中关村科技金融小镇。入驻ITO（信息技术服务）、BPO（金融业务流程外包）、KPO（金融知识流程处理）三大业务集群；构建低碳、绿色、环保、生态、和谐的金融服务业态；聚集金融和创投机构（创投孵化基金）；成为金融服务及相关高端服务产业综合功能区和惠州重要经济增长极，促进惠州潼湖生态智慧区建设新兴的区域金融科技服务中心，主要服务深圳国际金融中心和珠三角地区，辐射国内各大经济区域乃至东南亚经济圈。五是大力发展科技小镇，鼓励银行设立专门从事科技型中小企业金融服务的专业分支机构，推进小贷公司、融资担保公司、科技担保公司、科技保险公司等科技金融机构的发展；建设科技股权众筹平台，鼓励创新创业项目与科技成果众筹孵化；推进科技、金融、产业融合创新，鼓励高新区、专业镇打造科技金融信用系统示范区，规划建设一批金融科技产业三融合集聚区。

（2）绿色产业发展。新能源产业在政策扶持及电力市场化机制拉动下得到迅猛发展，分布式三联供燃气发电、屋顶光伏、风电以及储能等新能源技术及其应用快速发展。

惠州市新能源产业呈现出百花齐放的发展态势。大亚湾经济技术开发区正在形成以核电为基础的核电能源产业，东江流域部署以水电为基础的水电能源产业，龙门和博罗等地区逐步聚集了太阳能发电产业，大亚湾等地区试点风能发电站。同时，惠州也是我国的锂电池研发制造高地，德赛电池、兴旺达、亿纬锂能、赢合科技等锂电板块上市公司纷纷把总部或者研制中心放在惠州。

新能源汽车产业在惠州市也蓬勃发展，预计到2020年，惠州市新能源汽车产业产值将突破180亿元，成为广东省重要的新能源汽车产业基地。

（3）绿色金融产品创新。"绿色信贷"，是环保调控手段经由金融杠杆的具体实现。惠州分行建设以绿色信贷为核心的特色金融服务体系，全力支持惠州绿色现代化山水城市建设，助力生态建设、推动产业升级，开辟了一条生态效益与经济效益同步共赢的创新之路。惠州市梅湖水质净化中心是惠州市乃至粤东片区最大的污水处理项目，服务面积达188平方公里，服务人口达81万人，规划总处理量为30万吨/日。在水利项目的建设资金上，惠州分行大力推动"绿色信贷"，目前已经向惠州市梅湖水质净化中心一、二、三期工程发放共计6.1亿元固定资产贷款。在"绿色信贷"方面，惠州分行重点支持污水处理、火电技术改造、新能源等环境友好型项目，截至2018年2月底，该行累计向梅湖水质净化中心工程、惠州市天然气热电联产工程、新能源电池等"绿色"项目授信28.7亿元，发放贷款10.2亿元。

（4）绿色金融宣传活动。2017年12月2日，以"构建绿色金融发展体系驱动国家新区绿色崛起"为主题的中国生态文明论坛惠州年会绿色金融分论坛在广东省惠州市举行。在论坛上，来自全国各地的嘉宾与专家分别在主题演讲和对话交流环节发言，就绿色金融发展模式创建、理念更新、发展意义等热点议题建言献策。惠州是金融业快速健康发展的活力之城，正加快建立完善、全面、高效的绿色金融服务体系。论坛的举行，将为充分发挥金融对环境治理和产业发展的引导、约束和杠杆功能，为绿色金融更快更好发展以及更好地支持和服务经济社会发展贡献智慧。

5.1.2.10 江门绿色金融成果

（1）绿色金融政策制定。根据"绿色贷款"制度，每年江门市环保部门都将对企业的环保守法、违法情况进行评估，发布绿牌、黄牌、红牌企业环保信用等级标识；并将企业环保标识提供给金融机构，金融机构在接到企业贷款等融资要求时，将根据企业的环保等级给予不同的政策，绿色标识将享受到便捷服务，而红、黄标识企业将受到限制。这一措施对一些上市企业或者准备上市的企业影响很大。

(2) 绿色金融机构创建。2016年10月22日下午，国士金融业务分支机构——天堃（江门）运营中心正式成立。国士金融作为国内第二金融市场、服务资产证券化的创新金融服务平台运营商，首创"三五板联动"、新三板定增场外融资通道服务，以解决挂牌企业融资流动性为突破点，集成化落地绿色金融创新试验区，推动供应链金融与产业链资产互通联动的非标资产证券化交易。

(3) 绿色金融创新产品。中国人民银行广东江门市中心支行积极引导各金融机构从制度建设、总量倾斜、产品与服务创新等方面促进生态文明建设，在信贷评估中增加了绿色信贷内容，搭建绿色信贷协调沟通平台，对不符合产业政策或违反环境法的企业和项目在信贷政策方面加以调控，以绿色信贷机制遏制高耗能、高污染产业的盲目扩张，同时积极开展金融产品和服务方式创新，构建信贷支持低碳经济的长效机制，加大对环境保护、节能减排项目的信贷支持。截至2015年第一季度末，江门市银行业金融机构向循环经济、绿色装备制造业、环保项目等发放的绿色信贷余额为226.68亿元，同比增长9.15%，其中，向节能减排等环保项目发放的贷款余额为85.24亿元，同比增长7.99%。

(4) 绿色金融宣传活动。中国人民银行江门市中心支行2016年上半年组织辖区全部农商银行、农信社人员参加了关于绿色金融债和信贷资产证券化两项业务的培训。绿色金融债是中国人民银行2016年新推出的债务融资工具，募集资金专项用于支持绿色产业。信贷资产证券化则可为地方法人金融机构实现既有信贷资产出表，为其支持小微企业发展创造更多的信贷空间。

江门市金融工作局：参加2019年春耕生产会暨普惠金融下乡宣传活动；出台《关于鼓励金融支持小微企业发展扶持办法》（征求意见稿），助力中小企业发展；开展普惠金融"村村通"。

江门前银监分局：引导金融机构推行"绿色信贷"。江门市各金融监管单位在全市银行系统推广"绿色信贷"概念，为缺少资金的中小企业带来更及时、更高效、更透明的资本支持。

5.1.2.11 肇庆绿色金融成果

(1) 绿色金融政策制定。2017年8月10日，肇庆市环保与金融融合共促新型城镇化绿色发展启动会在四会市举行。中国人民银行肇庆市中心支行、肇庆市环保局、四会市人民政府三方签署了《环保与金融融合促进绿色发展备忘录》，进一步增加了肇庆市政银合作推动"绿富同兴"的合力。

党的十九大报告明确提出要发展绿色金融，推进绿色发展。中国人民银行肇庆中心支行坚持绿色发展理念，落实中国人民银行等七部委《关于构建绿色金融体系的指导意见》，精心打造"1+N"绿色金融工程，推动肇庆市踏上"绿富同兴"的新征程，主要举措有：助推传统产业升级改造；助力农村绿色发展；探索绿色金融创新。

肇庆市环保局、发改局、金融局、银监分局等部门出台了《关于加强环保与金融融合促进绿色发展的实施方案》和《关于金融支持肇庆市特色小镇绿色发展的实施意见》，探索绿色金融融合发展的路径。同时，肇庆市率先在广东省推出绿色金融统计指标，该指标涵盖了绿色信贷、绿色保险、绿色债券、绿色证券等方面，引导金融机构将更多资源配置到绿色产业领域。此外，探索建立绿色环保诚信企业库，联合环保局授予肇庆华锋电子铝箔有限公司等8家企业首批肇庆市环保诚信企业称号。

2018年，中国人民银行肇庆市中心支行、肇庆市金融局、银监分局、环保局等四部门联合出台《肇庆市推动绿色金融创新发展十项行动计划（2018—2020年)》，要求肇庆市金融系统树立"绿色金融+"理念，遵循绿色金融发展规律，加大绿色金融创新发展力度，逐步构建起多层次、多渠道、多元化的绿色金融投融资体系，进一步推动金融高质量发展。

(2) 绿色金融产品创新。2017年肇庆市发放了广东省第一宗民营企业"碳排放权"配额质押贷款600万元，迈出了碳金融创新的重要一步；中国人民银行肇庆市中心支行向四会农商行发放再贷款2亿元，用于专项支持四会绿色发展项目；四会市9家银行业机构与四会交通建设公司等绿色项目企业签署了总金额达47.08亿元的授信协议，助力四会市新型城镇化建设加快绿色发展步伐；8家企业被评为肇庆市环保诚信企业，进一步推进了绿色诚信的正向激励机制建设。

中国人民银行肇庆支行在新农村建设方面，大力支持绿色涉农贷款业务，加快推广"政银保"、"公司+基地+农户"、绿色小额信贷、险资融资等模式，促进农业产业化发展；大力推动农村土地承包经营权抵押贷款、林权抵押贷款，探索怀集县"地票"质押融资业务，加大农田水利信贷投放力度等。2018年，中国人民银行广州分行在肇庆试点探索"绿色金融+生态补偿"机制,推出公益林补偿收益权质押贷款。中国人民银行肇庆市中心支行还创新推出了德庆共享农场"互联网金融+信用三农+定制农业+精准扶贫"贡柑筹资项目。在这一项目模式中,"点筹网"提前根据上海、广州、深圳等城市用户的需求收集贡柑订单,随后合作社、贡柑种植户等将个人信用记录、合作社种植信息等资料提交到互联网平台,由平台为合作社、农户匹配综合信用评级,评级的高低将影响农户分配到的众筹投资款(预付款)额度。

"绿色金融+公共服务""绿色金融+新消费"等新模式也正在探索实践中。随着智慧公交项目于2017年9月6日发布上线,肇庆市因此成为绿色支付方式应用的示范城市。该项目支持银联IC借记卡闪付、云闪付手机Pay、二维码等多种先进支付方式,目前已覆盖肇庆市端州、高要、鼎湖地区逾550辆公交车,用绿色金融助力绿色出行。

肇庆市设立总规模10亿元的产业投资引导基金,撬动社会资本重点投向节能环保产业等三大主导产业。2018年,肇庆市组织了子基金合作机构申报,有六家机构通过了评审,并完成评审结果公示。目前,正全力推动第一批子基金尽快落地,为产业项目发展提供有力的金融支持。

(3)绿色产业发展。为支持发展环保产业,肇庆新区一期规划了5000亩土地建设广东肇庆节能环保产业基地,重点建设环保装备制造产业园和环保科技城,形成集研发制造、综合服务于一体的科技产业新城。目前,启迪控股及其关联企业已经率先在肇庆开展战略布局,在肇庆新区投资超100亿元开发建设环保科技城。

(4)绿色金融宣传活动。连续举办中国环保上市公司峰会:自2015年以来,中国环保上市公司峰会连续三届在肇庆举行,搭建起肇庆与环保企业沟通的桥梁。2017中国环保上市公司峰会由全国工商联环境商会、广东省肇庆市人民政府联合主办,于12月9日在肇庆新区开幕。来自全国各地环保机构、企业的数百名政商学界精英,围绕"锻造产业利剑 护卫美丽中国"主题进行交流,共享环保新思维,共谋绿色新发展。

确定绿色发展方向——绿色是发展永远的底色:肇庆市委市政府提出"把绿色作为肇庆发展永远的底色"。2015年,肇庆市引进投资超百亿的启迪环保科技城，这是中国第一个以环保为主题的科技城，肇庆也将以启迪环保科技城为龙头，重点培育和打造节能环保全产业链，力争至2020年环保产业产值超500亿元。在"肇庆金秋"活动上，肇庆市还将与15个西江沿线城市共同发布主题为"保护西江联防联建，产业共建绿色发展"的《肇庆宣言》，与上游兄弟城市一起，推动西江流域上下游水环境质量检测信息共享，共同保护西江母亲河。

5.2 粤港澳大湾区绿色金融面临的主要问题

5.2.1 区域绿色金融合作面临的挑战

（1）粤港澳三地绿色金融法制体系不同。粤港澳大湾区在加强绿色金融合作的进程中，如何有效协调三地不同的金融相关法制体系是首要的突出问题。由于"一国两制"制度，港澳地区依法实施高度自治，目前粤港澳大湾区存在三个独立的法律体系，香港特区是英美法系，澳门特区属于大陆法系，珠三角9市是社会主义体系，相互之间没有相互配合和法律管辖权。

因为港澳和内地不同属一个法制系统，在法律制度方面彼此具有较大独立性，三地在标准、司法协助以及法制观念等方面存在巨大的差异，这为区域绿色金融的深度合作带来了障碍。相比而言，香港特区的法制体系较为健全，珠三角地区目前法制体系正逐步完善，但仍存在不少问题。例如，政府领导班子换届后，会出现以前任政府名义签订的协议效力减弱或失效的情况。较弱的法治观念在湾区合作时会使合作各方产生不信任感，对湾区的法制体系建设也会造成一定冲击。

金融交流上也遇到了难题。香港特区一个强大的优势就是国际金融中心的地位，通过它可以吸收很多国际资金。内地很多较有吸引力的标的，都可以通过香港特区这个市场来沟通，但现在两地不同的经济体制，造成了诸多障碍。例如，ETF指数产品本来可以是一个很好的金融交流工具，而且可以利用深港通和沪港通这些新兴平台，前提是必须在两地都有股票。但在国际结算上就遇到了障碍，主要问题在国际上可以作为现金结算也可以做实物结算,而内地只能实物结算。香港特区则流行现金结算,结算方式不同,两地的交易时间不一致,而且外汇监管还有限制,因此跨境 ETF 交易就没办法推行。

(2) 跨区域绿色金融交流机制尚未形成。湾区绿色金融缺乏统领性规划和协调机制。由于港澳地区有着与内地不同的政治、经济和法律制度,粤港澳之间存在很多体制性和制度性障碍,粤港澳三地很难进行直接和长效的沟通。

粤港澳三地虽然内部已形成粤港澳联络会议协调机制,但是此类机制不仅管理方式分散,而且管理职权与现有行政主体存在交叉和重叠,使这些机制难以满足湾区的跨区域绿色金融交流要求,三地相互沟通和协调的成本高、难度大。

绿色金融工作涉及金融、环保等多个部门,但部门间缺少协调机制,环保部门参与的意愿、能力、方式方法均不足,导致金融和环保部门在支持绿色金融方面的政策出现"两张皮"现象,无法有机地结合,充分地互动。

(3) 粤港澳绿色金融信息缺乏共享渠道。粤港澳大湾区绿色金融协同发展是一个整体性问题,需要彼此协商、互相依赖的共同合作才能完成,这也就要求绿色金融实施主体间实现高效地资源互换、信息共享。但是由于港澳地区与内地体制不同,长期以来政府及社会发展相对独立,各种基础设施、人员流动、物流、资金流和信息流的互联互通都存在一定的障碍,虽然近几年随着以交通基础设施建设为先导的粤港澳一体化逐步发展起来,但在资源共享上仍未实现根本上的转变。

目前,绿色金融信息披露不完善问题突出,绿色产业相关信息获取难度高。三地之间的绿色金融信息缺乏共享渠道,目前普遍只能依靠网络进行信息搜集,信息的真实性与完整性不高。绿色新兴产业的信息涉及环保产业、征信系统、国家发展改革委等多方面,目前这些信息的披露是不规范的。出于保护自身的考虑,企业不愿意主动披露这些信息,所以银行在信贷方面信息不对称的问题较明显。绿色金融本身起步比较晚,在信息建设方面比较滞后,企业取得绿色贷款之后,银行监管困难,一旦行业出现大面积坏账,银行就会叫停。而且,绿色企业多为轻资产企业,缺少抵押质押资产,难以获得担保,如果不能获得尽量多的企业信息,支持绿色产业的金融机构必将面临较大的不良贷款风险。

(4) 粤港澳执行的绿色金融标准不一致。第一,港澳与珠三角九市的绿色金融标准不一致。香港特区政府、澳门特区政府没有明确颁布绿色金融的强制性执行标准和规范，仅有参考性的指南类文件，而且内容与内地不完全一致。第二，内地执行的绿色金融标准也不一致。以绿色债券为例，目前绿色债券的界定标准在业内有两个，分别是中国人民银行公布的绿色债券支持项目目录和国家发展改革委公布的绿色债券发行指引。这两个标准并不完全相同，导致市场主体特别是投资者对绿色债券的发展趋势持怀疑态度。第三，现存整个绿色金融标准体系有待完善。目前节能、新能源、碳减排等绿色发展领域的标准制定、统计计量工作等尚不健全，金融机构在环境风险评估和管理中缺乏具体政策指导工具。例如，当前广州市花都区各银行的绿色信贷标准不一、统计口径也不相同。

5.2.2 各城市绿色金融发展难点

（1）香港特区绿色金融发展难点。绿色金融是近几年来香港特区一直打算发展的创新性金融模式，但是市场对绿色金融中的"绿"反响不是很明显，基金投资公司的多家会员对绿色项目的投资并不是很感兴趣。在高度市场化的香港特区，不可能通过行政命令促进一个领域的发展，最主要的还是做好投资者的市场教育工作，让其了解到绿色金融对社会发展的重要性。

（2）澳门特区绿色金融发展难点。澳门特区缺乏资本市场，其金融业主要由银行业构成，没有外汇、证券、期货、黄金市场，金融交易都通过香港特区进行，离岸金融业务发展不足。因此，澳门特区的绿色金融发展也面临缺乏资本市场的难题。港澳两地都是发展离岸金融业务的理想地点。特别是澳门特区流通货币、中外币流通量远远大于澳门币。本地银行实力不如境外银行，这是本地金融业的一个弱点，但却是发展离岸合融业务的一个有利条件。

（3）广东省9城市绿色金融发展难点。一是环境权益法律和数据基础薄弱。无论是排污权还是碳排放的交易，目前都仅依靠政策支持，立法落后于实践的步伐。并且政府对相关原始数据积累不足，导致在收费标准确立以及机制建立方面缺乏有力依据，企业环保意识不强。二是面临产业结构转型升级带来的挑战。转变经济发展方式为广东省各地市金融业的发展带来了新机遇，同时也对绿色金融服务的模式和效率提出了挑战。转变经济发展方式中，无论是承接产业转移、经济结构的优化升级，还是低碳经济、循环经济、绿色经济的发展，无论是更加注重以人为本的发展理念，还是体制、机制、观念的调整，都将对绿色金融工作提出更多、更新、更高的要求，都将对未来绿色金融的政策措施和经营战略产生重大影响。三是绿色融资的难度较高而且效益不佳。①效益不高。很多环保项目具有公益性，经济效益不高，很难吸引社会资本投入。例如，污染治理项目PPP很难吸引社会资本投资。②成本优势不明显。以绿色债券为例，只有一半债券的发行成本低于其他种类债券，导致企业发行绿色债券的积极性不高；而且，发行过程中必须要有第三方机构来评估项目的绿色化程度，增加了发行成本。③绿色信贷抵质押物不足。目前的绿色信贷更多的是由政策去推动，市场化的行为比较少。具体原因是绿色信贷的利率比普通项目贷款的利率低，从商业银行的角度来看，不符合利益最大化的原则。项目风险管理成本也比较高。同时，环境权益作为抵质押产品没有明确的法律支持，担保能力比较弱，变现差，流通难。环境权益总体体量不大，且碳价的波动性大，碳交易市场比较小。碳作为质押物，价格有一定波动性，对于银行来说难以评估其担保价值；且其他环境权益没有市价，需要做核算和确权的工作。如何处理排污权、用水用能权、碳排放权质押之后的贷款发放也是目前需要解决的问题。

5.3 本章小结

粤港澳大湾区绿色金融区域合作基础较好，各地市也在前期探索中取得了一系列的成绩和经验。但是，区域合作还存在很多挑战，各地市在开展绿色金融的实际工作中也遇到很多难点。在促进大湾区绿色金融深度合作的下一步研究中，应针对现存问题，因势利导，设计出有针对性的、可操作性强的合作模式，主要解决以下几个问题：一是通过绿色金融有效地打破粤港澳的沟通壁垒；二是通过绿色金融调配金融资源，引导资金流向绿色产业和资源能源利用率高的产业，从而促进产业转型升级；三是通过绿色金融具体功能的划分，引导不同区域的地市差异化发展，优势互补，减少无谓的内耗。

第6章 粤港澳大湾区绿色金融合作模式设计

本章通过对粤港澳大湾区城市群组团的比较优势分析以及各个组成城市的优势、劣势、发展规划分析，综合考虑经济效益和环境效益，构思大湾区绿色金融合作的具体方案，包括城市间合作模式的总体框架、实施路径和阶段规划目标。

6.1 城市群内部组团比较优势分析

就组团发展而言，在"珠三角一体化"下沉淀出的三大各具优势的细分城市群，进一步融合香港特区、澳门特区，有望呈现出深莞惠+香港特区、广佛肇、珠中江+澳门特区这一粤港澳大湾区内分组融合、产业联动、协同共进的局面。

若要实现湾区经济大发展的核心部分——产业的协同共赢，则需要分析区域内各城市的产业现状及特征，挖掘发展潜力，分析发展优势，以利于结合在城市群中各自的定位和发展目标而进行有序协调及融合。

6.1.1 深莞惠+香港特区城市群优势分析

在深莞惠+香港特区城市圈中，香港特区作为全球金融中心之一，其成熟的服务业经济，完善的法律体系，是国内企业拓展内地以外业务和利用国际资本的重要门户。同时，作为腾讯和华为等国内知名公司的总部，深圳吸引着来自世界各地的投资资本从事高科技研发和创新。这个将创新转化为产品的过程得到了东莞和惠州制造业的支持。

6.1.2 广佛肇城市群优势分析

在大湾区中部,作为省会乃至区域经济、文化和政治中心,广州的 GDP 总量在广东省独占鳌头。广州市服务业相对成熟,其产值在 2016 年占广州市 GDP 的 69%。佛山亦是实业强市的典范,在制造业强势拉动下,2016 年佛山 GDP 位居广东省第三。而深入推进的广佛同城化将加快佛山发展速度。与佛山一样,制造业也是肇庆的经济支柱,2016 年两市制造业分别占各自 GDP 的 59% 和 48%。伴随该组团的融合发展,城市的边界将进一步弱化,一体化发展的强大后劲还将进一步向湾区腹地辐射。

6.1.3 珠中江+澳门特区城市群优势分析

坐落在珠江西岸的珠中江+澳门特区城市群,以旅游业和制造业为支撑,虽然互补性略显不足,但均以自身优势为立足点。澳门特区以博彩业带动旅游、娱乐、会议、文化的发展,吸引着内地和外国游客。而良好的自然资源及环境,陆续打造的高水准主题公园,使对岸的珠海也成为极具吸引力的旅游目的地。不仅如此,珠海也有望借西岸崛起的契机,依托自身在高科技等产业方面的基础,发展为西岸名副其实的中心城市。同时,中山市是先进制造业基地,2016 年中山市制造业的附加值占该市 GDP 的 18%。江门市是装备制造业基地,尤以铁路运输产业为重。两地都拥有较低的营商成本,可以很好地承接其他地区的产业转移。

6.2 绿色金融合作总体框架构想

6.2.1 模式分析

区域合作的形成与发展,归根结底源自经济整合产生的巨大市场机遇,当这种市场机遇能够为各方带来利益分享、让各方达成共识与认同时,各地区会在一定程度上摆脱本土利益的局限,与相邻地区构成互补的分工形态,共同组成一体化的城市群来获取自身更大的利益。也就是说,经济整合的机遇与利益创造→各方的利益认同共识达成→参与整合形成的分工→互补的利益关系→区域一体化的提升,这就是区域合作的逻辑关系与主要发展路径。区域一体化、城市间的协同、产业分工与协同,非常重要。粤港澳大湾区的绿色金融合作也应秉承分工明确、错位发展这一理念。

现阶段粤港澳大湾区多中心但无"一极独大"的区域龙头,产业链齐全但各有所长。香港特区金融和服务业领先,深圳科技产业优势明显,珠三角城市多以制造业为主。由于粤港澳大湾区内存在"一国两制"——资本主义体制和社会主义体制,开展绿色金融合作需要在两个体制下各自设立一个中心城市。在实行资本主义体制的香港特别行政区和澳门特别行政区内,香港特区作为国际金融中心,经济体量远远高于澳门特区,适合承担资本主义体制下的绿色金融中心以及整个粤港澳大湾区的国际绿色金融中心角色。在粤港澳大湾区内实行社会主义制度的9个城市里,广州既是广东省省会城市,又是粤港澳大湾区内唯一的国家设立的绿色金融改革创新试验区所在地,因此,在实行社会主义体制的九个城市里承担绿色金融中心的这个角色非广州莫属。综上所述,粤港澳大湾区内绿色金融合作的核心设置,应该有两个:香港特区和广州,双核驱动,互联互通。

对于粤港澳大湾区"9+2"各城市中除香港特区、广州外的其他九市,其绿色金融合作定位应服从大湾区整体的产业发展战略,而大湾区的整体产业发展战略应该基于全球、国家与经济圈的三重定位,以"产业发展分工协作"为核心理念,根据湾区内各地区的产业资源禀赋与区位特点,以香港特区、澳门特区、深圳、广州主轴,依次布局金融业、现代服务业、高端制造业、大众制造业,推动珠江口东岸地区产业转型升级,在保持生态空间的前提下,利用机场、港口、轨道等多种交通方式协同联运,引导大众制造业向珠江口西岸集聚,从而发挥大湾区内各城市的优势,共同促进粤港澳大湾区内绿色金融和绿色产业的发展。

并且,借助珠三角及内地的广大腹地,发挥大湾区在科技产业、金融服务业、航运物流业和制造业的核心优势,推进创新发展战略,发挥港澳自由经济体完善的司法、金融监管优势，在大湾区形成从研发、募资、制造、产业化到贸易运输的创新链和产业链，提高产业创新速度，增强产业创新质量。

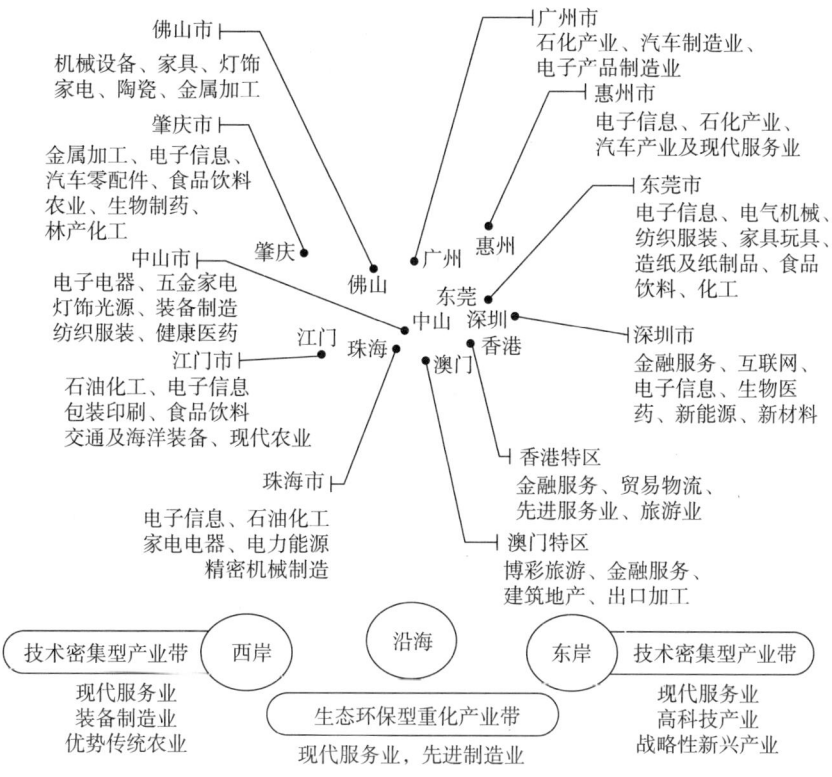

图 6-1　粤港澳大湾区产业布局图

还应加强以港深为创新核心，辐射全湾区的开放创新网络，发挥区域产业互补优势，以智能化、绿色化为导向，重点依托通信装备、船舶及海洋工程装备、汽车、电子信息等大湾区跨区域优势产业链，推进制造业转型升级，重点培育发展新一代信息技术、高端装备、节能环保等战略信息产业集群，打造以创新驱动的大湾区产业体系，各地市做到优势互补，集聚发展。集约化发展也可以起到增加环境污染物处理效率，减少污染物排放量，从而改善环境质量的作用。

6.2.2 总体思路

通过以上分析，将粤港澳大湾区绿色金融总体合作模式的总体框架构建思路总结为"双核驱动，互联互通，优势互补，集聚发展"，即以香港特区的国际绿色金融中心和广州的国家级绿色金融改革创新试验区为双核心，培育整个粤港澳大湾区的绿色金融合作平台；各城市分工协作、错位发展，以香港特区、澳门特区、深圳、广州为主的资本雄厚城市侧重建设绿色融资服务区，以佛山、东莞、江门、中山为主的制造业主导城市侧重建设绿色产业集聚区，珠海、惠州、肇庆等生态环保和自然资源丰富的城市同时建设绿水青山示范区，从而发挥集聚优势，扩大珠三角的绿色产业与港澳金融市场要素双向开放与联通，推动粤港澳大湾区建设成为世界级绿色金融发展示范区。

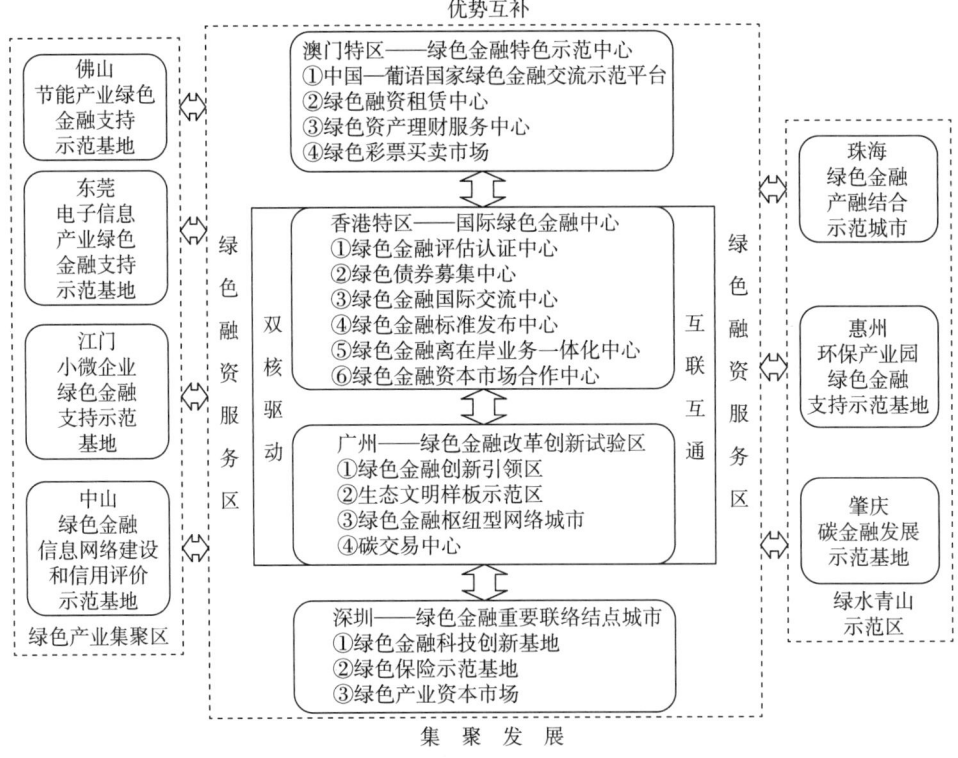

图6-2 大湾区各城市绿色金融合作总体框架

6.3 "9+2"各城市绿色金融功能定位

6.3.1 香港特区功能定位

《粤港澳大湾区发展规划纲要》里对香港特区的定位是：巩固和提升国际金融、航运、贸易中心和国际航空枢纽地位，强化全球离岸人民币业务枢纽地位、国际资产管理中心及风险管理中心，推动金融、商贸、物流、专业服务等向高端高增值方向发展，大力发展创新及科技事业，培育新兴产业，建设亚太区国际法律及争议解决服务中心，打造更具竞争力的国际大都会。香港特区最强大的优势就是国际金融中心的地位，在此可以吸收很多国际资金，国内很多较有吸引力的标的，都可以通过香港特区这个市场与国际买家沟通。因此，建议发挥香港特区国际金融中心的地位优势，把香港特区打造成粤港澳大湾区的国际绿色金融中心，具体功能设计如下：

（1）绿色金融评估认证中心。建设国际认可的绿色债券认证机构，进而（即在香港特区认证哪些企业是绿色的，包括标准制定、发布和认证评估）负责粤港澳大湾区乃至全国的绿色企业、绿色债券评估认证工作。

（2）绿色债券募集中心。从2016年起，中国发行的绿色债券如雨后春笋般发展起来，中国一跃成为全球绿色债券发行量最大的国家。在发行规模如此之大的背景下，应该鼓励境内的企业到香港特区发行绿色债券，募集国际投资者的资金。

（3）绿色金融国际交流中心。发挥香港特区国际化大都市以及世界金融中心的优势地位，在香港特区定期举行国际绿色金融研讨会或论坛，交流国际绿色金融相关的先进的经验，传播粤港澳地区绿色金融相关的优惠政策，吸进更多的国外绿色金融投资者，加强与国际绿色金融机构的交流与合作；还可将各个发行过绿色债券的企业、发行过绿色金融产品的金融机构召集起来，定期举办绿色产品展览会。

（4）绿色金融标准发布中心。香港特区作为国际金融中心，社会制度和管理体制与国际金融市场接轨，法制健全，声誉度高，在此发布绿色金融有关标准，具有国际权威性和可信性。

（5）绿色金融离在岸业务一体化中心。香港特区是全球最大的人民币离岸市场，拥有全球最大的离岸人民币资金池，并处理全球约70%的离岸人民币支付交易，粤港澳大湾区通过合理分工、协作与协调发展，将可进一步推进离在岸市场快速融合，发挥全球离岸人民币业务枢纽的功能。大湾区内必然会逐步实现金融的互联、互通，使支付与结算便利化，推动QDII2/QDIE先行先试。通过具体项目的落实，将会推动大湾区在地区融合、金融合作、经济一体化、金融基建等方面的创新与合作。此外，在《内地与港澳关于建立更紧密经贸关系的安排》（CEPA）、广东自贸区政策等框架下，多项贸易自由化政策、资本项目开放措施也将会率先在大湾区内推出，跨境资本的高速流动，必然推动离在岸业务高速发展。

（6）绿色金融资本市场合作中心。发挥香港联交所与内地上海证券交易所和深圳证券交易所的沟通优势，利用深港通、沪港通、债券通等优惠政策，设计一系列跨境绿色金融交易产品。鉴于"粤港澳大湾区"新经济公司的广泛融资需要，香港特区在传统的首次公开招股或债券市场以外，可以积极发展和研究开发多元化的金融平台和产品，如非上市企业股权交易平台等，推进大湾区内的优势产业结盟，同时带动大湾区的金融创新。

6.3.2 澳门特区功能定位

《规划纲要》对澳门特区的定位是：建设世界旅游休闲中心、中国与葡语国家商贸合作服务平台，促进经济适度多元发展，打造以中华文化为主流、多元文化共存的交流合作基地。澳门特区近年来大力发展特色金融，主要内容是财富管理、中国—葡语国家人民币清算中心及融资租赁。其中，财富管理与中国—葡语国家人民币清算中心可与债券市场紧密结合，以满足庞大的发行人及投资人群体不同阶段的财务需求；融资租赁市场则可充分发挥资源汇集的优势，为融资租赁资产及产品交易提供流动性支持。因此，建议把澳门特区打造成粤港澳大湾区的绿色金融特色示范中心，具体功能设计如下：

(1) 中国—葡语国家绿色金融交流示范平台。澳门特区与葡萄牙有着百年的历史渊源，因此与葡语系国家有着特殊感情与紧密联系，在澳门特区打造面向葡语国家的绿色金融示范平台具有深厚的基础。可在此交流示范平台基础上，探索建立中国—葡语国家碳排放权交易所、中国—葡语国家绿色信贷交易中心、中国—葡语国家绿色金融信息交流中心，定期召开中国—葡语国家绿色金融论坛，推动中国的绿色产业"走出去"到葡语国家，也吸引葡语国家的绿色资源引进来。以此平台为基础，加强与葡语国家的绿色金融合作，与其签订相关的绿色金融互惠政策，不但能够加强中国和葡语国家在绿色金融方面的联系，同时也加强了国家友谊，也是响应"一带一路"倡议的有益实践。

(2) 绿色融资租赁中心。从国内趋势和国际经验来看，融资租赁行业仍处于高速发展期，融资租赁业务在国民经济特别是固定资产投资中所占的比重越来越大。金融租赁是产融结合的有效纽带，是与实体经济结合最为紧密的业态，集融物与融资于一体的特性使其在推动产业创新升级、拓宽企业融资渠道、促进社会投资和调整经济结构等方面具有重要作用，对金融"脱虚向实"意义重大。据央行测算，"十三五"期间（2015~2020年），中国每年在绿色领域的投资将达到2.9万亿元，其中需要绿色金融提供租赁支持的约为2万亿，这为绿色租赁市场带来了巨大动力，以清洁能源、节能环保、循环经济为代表的绿色产业的转型升级、装备制造及产品应用等均高度契合金融租赁的行业属性，近水楼台的绿色租赁市场发展前景广阔。融资租赁公司发力绿色领域，不仅可实现业务创新，也可切实支持我国绿色金融事业，为促进能源结构转型提供有力支持。

2017年9月23日，国内首个绿色租赁发展共同体在上海正式成立，国银租赁、兴业金租、恒鑫金租等近50家金融租赁公司，徐工租赁等60多家融资租赁公司作为首批共同体成员，这是绿色金融在租赁行业落地的重要成果。澳门特区可以借鉴此模式，打造粤港澳大湾区绿色租赁发展共同体，集体发布共同宣言。同时，建议澳门特区政府发起建立专门的澳门绿色融资租赁公司，作为大湾区绿色租赁发展共同体的主发起单位，协调推动建立共同体成员之间的沟通、协作、互帮、互信的合作机制，促使共同体在推动整个粤港澳大湾区绿色租赁发展相关方面发挥重要作用。

(3) 绿色资产理财服务中心。毕竟绿色金融整体上尚处于起步阶段，市场上缺少直接投资绿色经济的理财产品，而绿色资产理财产品的推出，正是这一寓意于利商业模式的具体落地，它不仅为投资者提供了一种理财投资的渠道，而且能够吸引更多投资者关注和参与绿色产业发展，共同支持环保和生态文明建设，这是更深远的意义所在。例如，2016年9月，兴业银行面向个人投资者发行首期"万利宝—绿色金融"理财产品，期限5年，以3个月为一个投资周期开放申购赎回，初期成立规模为20亿元。该理财产品募集资金主要投向绿色环保项目和绿色债券，投资标的均属于中国人民银行关于绿色金融债的39号公告及附件和中国银监会绿色信贷统计制度等监管文件重点支持的绿色环保资产。产品成立至今运作稳健，因环保概念和良好的收益预期日益受到投资者的认可，当前投资周期客户参考年化净收益率为4.3%。2016年11月30日，第一次开放申购和赎回，短短六天募集理财资金100多亿元，受到投资者的热捧。因此，澳门特区也可仿效此模式，设计并发行绿色资产理财产品，让广大普通投资者通过投资金融产品实现财富保值增值的同时，参与支持粤港澳大湾区绿色产业发展，引导理财资金流向绿色金融领域。而且，澳门特区有着丰富的华侨资源，华侨群体拥有大量的个人财富，而且近年来华人华侨爱国回归、资产回流、绿色环保的意识不断加强，打造面向华人华侨的绿色理财产品，也将会有广阔的市场空间和发展机遇。

（4）绿色彩票买卖市场。澳门特区的博彩业发达，各大赌场每年吸引了大量的赌客。可以参考福利彩票的模式，发挥澳门特区的博彩中心地位，建立绿色彩票买卖市场，彩票购买款项用于绿色环保产业、生态保护公益事业。中国福利彩票始于1987年，以"团结各界热心社会福利事业的人士，发扬社会主义人道主义精神，筹集社会福利资金，兴办残疾人、老年人、孤儿福利事业和帮助有困难的人"，即"扶老、助残、救孤、济困"为宗旨。随后又设立了中国福利彩票发行中心作为发行机构。目前中国福利彩票的种类有：刮刮乐、双色球、3D、地方福彩、七乐彩、35选7、29选7、东方6+1、华东15选5、新3D。澳门特区也可参照建立绿色彩票发行中心，以"筹集生态环保资金，兴办环境保护、生态文明、美丽中国福利事业和帮助贫困地区治理污染"为宗旨，面向粤港澳大湾区乃至全国发行绿色彩票，进而拓展到葡语国家市场，再进一步建设有国际影响力的绿色彩票买卖市场。此举可以大大改善澳门特区博彩业长久以来的负面道德形象，在发展绿色金融的同时还为保护环境筹集到了资金，功在当代，利在千秋。

6.3.3 广州功能定位

《规划纲要》对广州的定位是：充分发挥国家中心城市和综合性门户城市引领作用，全面增强国际商贸中心、综合交通枢纽功能，培育提升科技教育文化中心功能，着力建设国际大都市。国家在广东设立绿色金融改革创新试验区，试点绿色金融改革创新，既是贯彻绿色发展理念的具体行动，又是推动广东乃至全国经济转型发展的重要举措，是广东乃至整个粤港澳大湾区发展绿色金融，建设生态文明的大好机遇，将有助于以金融创新推动绿色产业发展为主线，以制度创新为重点，充分发挥市场配置资源的决定性作用；并且有利于构建绿色金融组织体系、创新绿色金融产品和服务方式、拓宽绿色产业融资渠道、发展绿色保险、夯实绿色金融基础设施、构建绿色产业改造升级的金融服务机构、构建绿色金融风险化解机制。为贯彻落实中央建设粤港澳大湾区的有关精神，广东省政府工作报告曾明确指出，加快粤港澳大湾区建设，落实粤港澳大湾区发展规划纲要，积极探索推进在"一国两制"和三个关税区条件下的体制机制创新，促进人流、物流、资金流、信息流便捷有序流动，构建"极点带动、轴带支撑"网络化空间格局，携手港澳打造具有全球影响力的国际科技创新中心、金融枢纽和航运中心。在绿色金融合作方面，广东省根据地方具体发展情况，量身定制了绿色金融试验区细则，为落户于广东绿色金融改革创新试验区的企业在资金奖励、上市支持、产业扶持、简化审批、创新服务等多方面予以支持，进一步推动了绿色经济的发展与完善。建议把广州打造成粤港澳大湾区的国家级绿色金融改革创新试验区，具体功能设计如下：

（1）绿色金融创新引领区。广州是粤港澳大湾区的绿色金融核心城区，应定位于发挥粤港澳大湾区核心增长极作用，打造绿色金融示范区的地位，强化粤港澳地区的"超级联络人"地位，进一步推动大湾区绿色金融创新中心的形成，进而推动整个粤港澳大湾区建设国家绿色金融示范湾区。

（2）生态文明样板示范区。广州应厚植粤港澳外向开放优势，深化生态文明体制机制改革，创新环保合作发展模式，构建粤港澳大湾区一体化绿色金融合作体系，打造"21世纪海上丝绸之路"生态文明样板。

(3) 绿色金融枢纽型网络城市。目前粤港澳大湾区的交通体系基本形成了以香港特区、深圳、广州为中心的交通网络。航空方面，粤港澳大湾区拥有全球最大的机场群，核心区内拥有以香港国际机场、深圳宝安机场、广州白云机场为中心的世界级机场群，此外，还有澳门机场、惠州机场、莲溪机场三大辅助空港。陆路交通方面，粤港澳大湾区境内通过京九、京广等诸多铁路，并且港珠澳大桥已建成并基本具备通车条件，广深港高铁基本建成，其中广州到深圳高铁已建成通车，深圳到香港高铁正在联调联试，全国人大常委会已经审议批准了广深港高铁"一地两检"的通关安排。目前已经形成以广州和深圳为中心连通全国的高速铁路网络，正在逐步形成珠三角与东南亚的陆路交通网络。

而位于珠江入海口的广州，正是以珠江为地理中轴线的整个粤港澳大湾区的地理枢纽。广州南站是广州连接香港特区、深圳两个国际城市的顶级枢纽，且广州南站位居广—佛地理中心，又在行政边界的独特位置，有望促进广—佛超级城市的形成。广州南站2016年累计发送旅客1.12亿人次。此外，规模比广州南站还要大的新广州北站正在建设之中。在航空枢纽方面，广州白云国际机场2016年的旅客吞吐量达到5978万，超越新加坡机场，在世界排名第16位。它的旅客吞吐量在粤港澳大湾区中仅次于香港，而且还在不断迎头追赶。

因此，在广州建立大湾区绿色金融枢纽型网络城市，具有非常扎实的基础。在广州建设的铁路、航空等枢纽的崛起，必将吸引着中国四面八方甚至"一带一路"沿线国家的绿色金融有关人流、物流、资金流、信息流朝广东和整个粤港澳大湾区汇聚。

(4) 碳交易中心。

1) 建立碳期货交易所。打造以碳排放权为首个交易品种的创新型碳期货交易所，通过碳期货交易所，构建服务粤港澳大湾区战略的绿色金融权益交易资本市场，搭建集环境权益登记、托管、交易、清算为一体的综合服务平台。该项申请工作已有前期基础，但由于碳期货交易所涉及国家发展改革委和中国证券监督管理委员会两家部委（碳排放归发改委管理，期货交易所归证监会管理），至今没有协调统一。2018年国务院大部制改革后，国家发改委的此项职能被纳入自然资源部，建议跟进自然资源部和证监会的申报协调工作，运用好广东省是全国绿色金融改革创新示范区的政策优势，争取取得突破进展。

2）发起成立大湾区碳排放交易所联盟。广州碳排放交易所已有多年运行经验，建议在此基础上进一步拓展碳资产交易范围，联合深圳碳排放交易所以及香港特区、澳门特区将来拟打造的碳排放相关交易所，组成粤港澳大湾区碳排放交易所联盟，将联盟的秘书处设在广州。

6.3.4 深圳功能定位

《规划纲要》对深圳的定位是：发挥作为经济特区、全国性经济中心城市和国家创新型城市的引领作用，加快建成现代化国际化城市，努力成为具有世界影响力的创新创意之都。在加强与港澳对接方面，深圳在大湾区中具有特殊的作用，因为深圳的地理位置毗邻香港特区，而深圳和香港特区的对接主要是高科技产业和国际金融中心的对接，科技和金融是湾区里面一个很重要的功能，这方面深圳可以比拟旧金山湾区的硅谷。深圳、香港这两个城市通过便利的基础设施连接成为一个生活圈，每天通关的70%~80%的香港人目的地都是深圳，另外，深圳与香港的结合还具有进一步的辐射和带动作用，带动东莞、惠州以及其他城市，形成更大的都市圈。深圳在金融科技、互联网金融、电子货币等方面的创新走在了全国前沿。深圳是绿色保险、绿色金融科技重点发展区，具有深厚的研究和实践基础，也是大湾区内除香港特区以外唯一拥有资本市场的城市，是联系广州乃至整个广东与香港特区的重要节点。因此，建议把深圳打造成粤港澳大湾区的绿色金融重要联络节点城市，建设绿色金融科技创新基地、绿色保险示范中心和绿色产业资本市场，具体功能设计如下：

（1）绿色金融科技创新基地。综观世界三大湾区，IT创新都是引领湾区乃至世界发展的主力军，尤其是旧金山湾区已经成为美国科技产业的集中地，前十体量的企业80%都是科技企业。金融科技是中国企业发展的重要契机，世界前五大金融科技（Fintech）企业有四家是中国公司。粤港澳大湾区内，深圳拥有创新驱动的先发优势，香港特区具有金融服务的国际化和制度优势，在大湾区内形成"科技+金融"的双轮驱动，为金融科技的创新发展提供了良好的环境。中国的互联网巨头BAT（百度、阿里、腾讯）已经将总部或部分部门落户深圳，金融科技引导的金融业态变革极有可能首先在粤港澳大湾区产生。同时，粤港澳金融科技发展在数字货币研究、监管科技、量化投资平台、网络安全、区块链和人工智能等领域已经表现出了极大的领先优势,未来中国的数字货币营运机构也极有可能落户深圳。粤港澳大湾区基于自身的产业结构和技术优势,可积极利用深圳金融科技龙头企业、香港金融制度优势、创新人才优势,聚焦金融科技创新。通过设立绿色金融科技创新中心,推进区块链、数字货币等金融科技领域的先行探索,促进金融科技高速发展。因此,应发挥深圳金融科技创新能力优势,在深圳成立全国绿色金融科技创新基地,吸纳全球各地绿色金融人才,组成绿色金融科技创新科技队伍,研发更多的绿色金融科技产品。

(2)绿色保险示范中心。在深圳推动环境责任保险地方试点,同时总结试点经验,制定或修订相关法律法规,为在全国范围内推广环境污染责任保险创造条件,鼓励内地与香港特区、澳门特区设计环境责任险、绿色投资联结保险等有关绿色的保险,在大湾区范围内发行,并且不设置购买限制,打破内地投保者购买香港特区保险的限制。香港特区的保险产品与内地的相比,一般具有低保费、高保额、高收益、保障范围更广、免体检投保额高、投保、续保方便等优势,因此香港特区保险是内地保险很大的竞争对手。香港特区和内地的绿色保险均在起步阶段,内地有能力实现与香港特区绿色保险水平的对接,设计出更受欢迎的绿色保险。

(3)绿色产业资本市场。港股市场可以说是较为成熟的海外市场之一,深港通配合沪港通完全打通A股和H股通道后,更有利于引入海外机构投资者,逐渐改变以散户为主导的市场结构、培养长期投资的理念。建议在深圳证券交易所开设"绿色通道",制定相关的政策,给凡是在深圳交易所上市的绿色金融企业开设"绿色通道",吸引更多的绿色企业在深圳交易所上市;利用深港通渠道,制定相关的优惠政策,吸引投资者通过深港通渠道购买绿色金融产品,从而促进绿色金融的发展。此外,建议发挥其科技创新能力,组织做好绿色金融产品创新工作,其中包括碳期权期货、绿色金融租赁、节能环保资产证券化、与碳资产相关的理财、信托和基金产品、节能减排收益权和排污权质押融资以及鼓励绿色保险的创新,拓展绿色保险品种等。

还可以借助深圳证券交易所的平台,进一步研发绿色跨境ETF等绿色金融产品。国内市场上跨境ETF的出现除对投资者是件好事之外,对跨境ETF的其他参与方如基金公司、券商,同样是益处良多,对券商也有很大价值:一是增加了其经纪业务量；二是由于券商在交易成本、交易通道、研究实力方面优势明显，跨境 ETF 的出现能够增加券商的投资机会与套利机会；三是券商可以开发与跨境 ETF 相关的其他业务产品以增加自身盈利点。但目前跨境 ETF 产品交易存在一些监管障碍，主要问题在于在国际上既可以用现金结算也可以用实物结算，而内地只能实物结算，两地的交易时间也不一致，还需要进一步解决。

6.3.5 佛山功能定位

《规划纲要》也支持珠海、佛山、惠州、东莞、中山、江门、肇庆等城市建设重要节点城市，绿色金融合作中也应该赋予不同的重要功能。佛山的主导产业是制造业，重点发展产业里的半导体照明产业、新能源产业具有很多生态环保属性，因此，建议把佛山打造成粤港澳大湾区的节能产业绿色金融支持示范基地，具体功能设计如下：

建设绿色金融支持的节能环保产业园，吸引大湾区各地市的有环保效应的新能源企业入驻，引导绿色金融机构重点支持节能环保产业园区内的企业，支持整个粤港澳大湾区节能环保产业的发展。

6.3.6 东莞功能定位

东莞的制造业也非常发达，电子信息制造业占制造业的半壁江山，但是面临产业升级困局，科技附加值不高，亟待通过绿色金融手段优化产业结构、淘汰落后产能。因此，建议把东莞打造成粤港澳大湾区的电子信息产业绿色金融支持示范基地，具体功能设计如下：

建设绿色金融支持的电子信息产业园，对于节能环保效益较好的电子信息企业，给予入园政策优惠，尤其在绿色信贷、绿色债券发行等方面给予倾斜政策，吸引国内外先进电子信息制造企业入驻。而节能环保效益较好的电子信息企业，在生产工艺、机器设备等方面必然是行业先进企业，从而可以促进东莞市的电子信息产业转型升级，并带动整个制造业转型升级，打造粤港澳大湾区的新型制造业示范基地。

6.3.7 珠海功能定位

珠海市的主导产业里，电力能源产业发展基础深厚，在配网自动化、智能用电与智能家居、新能源和微网等节能环保属性较多的细分领域形成了一批优势企业和特色产品。结合珠海在开展排污权有偿使用和交易的金融创新试点方面的经验，以及珠海和澳门特区的地理交流优势，建议把珠海打造成粤港澳大湾区的绿色金融产融结合示范城市，具体功能设计如下：

（1）智能电网产业绿色金融支持示范基地：建设智能电网产业园，引导绿色金融重点支持分布式能源、太阳能、光能、风能等清洁能源利用企业，吸引国内外此类先进企业入驻。

（2）绿色信贷示范基地：大力支持当地企业进行排污权、碳排放权、水权抵质押试点，支持当地银行建立完善的绿色信贷风险控制制度，并把试点经验进行推广，为整个粤港澳大湾区推广绿色信贷工作提供依据。

（3）粤澳绿色金融合作示范区：积极开展与澳门特区的合作，交流经验，承接澳门特区的融资和特色金融优势资源，加强互动，合作共赢。

6.3.8 中山功能定位

在2017年上半年，中山市的通信和其他电子设备制造业、通用设备制造业、电气机械和器材制造业这些行业对全市规模以上工业增长贡献最高，先进制造业占比较高。结合中山在通信硬件基础设施建设方面的优势，以及环境信用评价探索方面的经验，建议把中山打造成粤港澳大湾区的绿色金融信息网络建设和信用评价示范基地，具体功能设计如下：

建设覆盖中山全市的绿色金融信息网络硬件平台，汇总绿色金融信息，定期通过专门的绿色金融网站、微信公众号等公共平台向全社会分享，并以此为基础开展绿色金融大数据挖掘处理和分析，进行相应的绿色金融信用评价示范，总结运行经验及时反馈，助力整个粤港澳大湾区的绿色金融信息网络平台建设。

6.3.9 惠州功能定位

在全球范围内，每个著名湾区的发达城市群都至少有一座生态出众的山水城市。在城市群的繁华之中，这座生态新城不仅是自然资源的"颜值担当"，还是快速发展中的"生态担当"。无论是东京湾区的千叶市、纽约湾区的费城还是长三角城市群中的杭州，都是城市群中不可替代的"后花园"。

环顾珠三角，惠州的生态资源丰富，自然景观优美，有"岭南第一山"——罗浮山、粤东南第一高峰——莲花山，大小湖泊、水库有130多个，饮用水源水质达标率100%，空气质量长期稳居珠三角首位，还有门类齐全的环保治理公司资源。惠州市政府也把新定位"山水城市"作为自己的发展目标，因此惠州适合被打造成粤港澳大湾区的"生态担当"，并着力打造环保产业园绿色金融支持示范基地，具体功能设计如下：

梳理现有产业园区的资源禀赋，选择合适的园区汇集环保治理产业进入，并以优惠的绿色信贷政策吸引粤港澳大湾区其他地市的先进环保治理产业入驻，打造粤港澳大湾区的环保治理产业汇聚区，为绿色金融提供重点支持领域的优质环保产业项目。

6.3.10　江门功能定位

江门新时期重点打造的五大新兴产业，多与传统主导产业直接相关，如重卡和商用车产业与汽配机电产业，大健康与食品产业，新材料新能源及装备与化工行业，而且小微企业众多，融资难、融资贵的问题突出，急需绿色金融支持转型升级。因此，建议把江门打造成粤港澳大湾区的小微企业绿色金融支持示范基地，具体功能设计如下：

组织绿色金融机构，制定有效扶持小微企业发展的绿色信贷政策，研发相关绿色保险产品，政府出资组建小微企业绿色信贷担保基金，支持小微企业通过绿色金融融资渠道转型升级、做大做强。

6.3.11　肇庆功能定位

肇庆的生态资源很丰富，自然景观也非常优美，在碳排放权交易方面进行了一些有益的探索，建议把肇庆打造成粤港澳大湾区的碳金融发展示范基地，具体功能设计如下：

挖掘肇庆的生态资源、旅游资源，设计出符合实际的碳资产盘活机制，鼓励肇庆的企业利用广州、深圳的碳交易所进行碳汇方面的融资，融资后用于绿色环保、生态旅游产业的进一步建设，切实落实习近平总书记"绿水青山就是金山银山"的战略指示。

6.4 绿色金融合作环境效果预测分析

6.4.1 预测方案

在 6.2 节和 6.3 节给出的绿色金融合作模式下，粤港澳大湾区各地市原有的工业产业高度集中，可以有效提高资源配置效率，不但可以增强企业创新能力，而且可以最大限度降低环境污染。

本节采用环境影响评价里的大气污染经典预测模型，预测分析绿色金融合作方案实施后，粤港澳大湾区环境污染排放的改进效果，设计两个排放情景如下：

情景一：绿色金融合作前各地市分散排放，11 个地市均有排放源。

情景二：绿色金融合作后各地市集中排放，排放源相对集中到佛山、东莞、江门、中山、肇庆 5 个地市，排放浓度为情景一的 2 倍，从而保持污染物总量不变。

污染因子选择二氧化硫，因为它是我国环保管理中实施总量控制和在线监测的重点污染物，也是工业区的主要废气之一，具有很好的代表性。

关心点选择所有的 11 个地市的城市建成区，这里人口相对稠密，也是主要的环境保护关心目标。

6.4.2 预测模型

6.4.2.1 点源扩散模式

（1）持续排放源有风模式（$U_{10} \geq 1.5 \text{m/s}$）。

1）自由空间中的连续点源。

实际上绝大多数污染源都是连续的，对于连续排放源，可理解为在时间上依次连续释放无穷多个烟团。因此，连续排放源的扩散模式可以通过将瞬时单烟团模式对 t_o 从 $-\infty$ 到 t 积分后求得。以烟团初始空间坐标为原点，下风方为 x 轴，烟羽轴线与 x 轴一直保持重合，σ_x，σ_y，σ_z 都是 x 的函数，将对 t_o 的积分变换为对 $(x-uT)/\sigma_x$ 的积分，可得最基本的烟羽扩散模式：

$$C(x, y, z) = \frac{Q}{2\pi u \sigma_y \sigma_z} exp\left[-\left(\frac{y^2}{2\sigma_y^2}\right)\right] exp\left[-\left(\frac{z^2}{2\sigma_z^2}\right)\right] \quad (6-1)$$

适用条件为：自由空间；风速比较大（$u_{10} \geq 1.5\text{m/s}$）；当大气处于不稳定状态时，可能带来一定的误差。

2）地面反射。用像源法，假想地平线为一镜面，在其下方有一与真实源完全对称的虚源，则这两个源叠加后的效果和真实源考虑到地面反射的结果是等价的。以烟囱地面位置的中心点为坐标原点，在考虑地面反射后，污染源下风方任一点小于 24 小时取样时间的污染物浓度 $C(x, y, z)$ 由下式给出：

$$C(x, y, z) = \frac{Q}{2\pi u \sigma_y \sigma_z} exp\left[-\left(\frac{y^2}{2\sigma_y^2}\right)\right]\left\{exp\left[-\frac{(z-H_e)^2}{2\sigma_z^2}\right] + exp\left[-\frac{(z+H_e)^2}{2\sigma_z^2}\right]\right\} \quad (6-2)$$

z = 0 时的地面浓度 $C(x, y, 0)$，可简化为：

$$C(x, y, 0) = \frac{Q}{\pi u \sigma_y \sigma_z} exp\left[-\frac{y^2}{2\sigma_y^2} - \frac{H_e^2}{2\sigma_z^2}\right] \quad (6-3)$$

下风方 X 轴线上（y=0）的地面浓度 $C(x, 0, 0)$ 为：

$$C(x, 0, 0) = \frac{Q}{\pi u \sigma_1 \sigma_2} exp\left(-\frac{H_e^2}{2\sigma_z^2}\right) \quad (6-4)$$

对于较低的排放源（例如 $H_e < 50\text{m}$，具体限值由地面粗糙度、混合层高度等因素决定），一般可直接应用上式计算。

3）混合层反射。对于高架源，当超过一定的下风距离时，需对烟羽在混合层顶的反射进行修正。同考虑地面反射类似，用像源法修正后，污染源下风方任一点小于 24 小时取样时间的污染物浓度 $C(x, y, z)$ 可表示为：

$$c(x, y, z) = \frac{Q}{2\pi u \sigma_y \sigma_z} exp\left[-\left(\frac{y^2}{2\sigma_y^2}\right)\right] \cdot F \quad (6-5)$$

$$F = \sum_{n=-k}^{k}\left\{exp\left[-\frac{(2nh-H_e-z)^2}{2\sigma_z^2}\right] + exp\left[-\frac{(2nh+H_e-z)^2}{2\sigma_z^2}\right]\right\} \quad (6-6)$$

式中，h 表示混合层高度；k 表示反射次数，一、二级项目取 k=4 已足够。

(2) 小风静风模式（$U_{10} < 1.5 m/s$）。

小风静风时，污染物地面浓度 C（x，y，0）可用下式计算：

$$c_L(X, Y) = \frac{2Q}{(2\pi)^{3/2} \gamma_{02} \eta^2} \cdot G \qquad (6-7)$$

式中 η 和 G 按下式计算：$\eta^2 = \left(X^2 + Y^2 + \frac{\gamma_{01}^2}{\gamma_{02}^2} \cdot H_e^2 \right)$，

$$G = e^{-U^2/2\gamma_{01}^2} \cdot \{ 1 + \sqrt{2\pi} \cdot s \cdot e^{s^2/2} \cdot \Phi(s) \}$$

$$\Phi(s) = \frac{1}{\sqrt{2\pi}} \int_{-\infty}^{s} e^{-t^2/2} dt, \quad S = \frac{UX}{\gamma_{01} \eta}。$$

γ_{01} 和 γ_{02} 分别是横向和铅直向扩散参数的回归系数（$\sigma_y = \sigma_z = \gamma_{01} T$，$\sigma_z = \gamma_{02} T$），T 为扩散时间（s）。

6.4.2.2 多源叠加模式

如果需要评价的点源多于一个，计算浓度时，应将各个源对接受点浓度的贡献进行叠加。在评价区内选一原点，以平均风的上风方为正 x 轴，各个源（坐标为 x_r，y_r，0）对评价区内任一地面点（x，y）的浓度总贡献 C_n 可按下式计算：

$$C_n(x, y, 0) = \sum C_r(x - x_r, y - y_r) \qquad (6-8)$$

式中，C_r 是第 r 个点源对(x，y，0)点的浓度贡献，其计算公式可根据不同条件选用本章给出的有关点源模式。

6.4.3 预测结果

从预测分析结果可见，在污染物排放总量不变的前提下，绿色金融前各地市分散排放污染物的最大运移面积是合作后集中排放的 1.8 倍，最大污染物浓度是合作后集中排放的 5 倍。

如果考虑绿色金融合作方案实施后对污染物总量的降低作用，则采取绿色金融合作后的环境效果更为明显。

第6章 粤港澳大湾区绿色金融合作模式设计

6.5 绿色金融合作实施路径分析

综合国内外区域合作情况来看，要想更好地实现区域合作，走出一条具有中国特色的平衡区域经济发展的道路，就要借鉴国内外区域协调发展的成功经验，实行以市场为导向，政府推动、企业主导的具有中国特色的绿色金融区域合作模式。粤港澳大湾区面临法制不同、发展阶段不同、产业特色不同、目标关注点不同等诸多挑战。纽约、旧金山、东京国际三大湾区的发展均在一个政治体制下，而粤港澳大湾区则是在一国两制的框架下，因此粤港澳大湾区建设需要摸索独特的中国式道路，探索和提出适合粤港澳大湾区绿色金融合作的新思路、新路径、新模式。本书将粤港澳大湾区的绿色金融合作实施途径总结为十二字方针："区域统筹，政策引导，市场驱动"。

6.5.1 区域统筹路径

（1）建立区域统筹协调机制。粤港澳大湾区作为一个跨体制、跨政府和跨行政边界的特殊区域，在湾区的发展过程中，需要政府、企业和社会，甚至与中央的多方合作，因此在区域绿色金融合作的问题上应充分考虑各方的目标需求，并对其统筹协调。由此，建立多方合作机制，完善区域协调机制是推进湾区绿色金融合作工作的重要保障，在粤港澳大湾区的绿色金融规划发展中，应充分考虑不同层次、不同部门及各地方政府的目标需求，建立整个大湾区的绿色金融统筹协调机制。湾区是一个跨政府和跨行政边界的概念，在湾区的发展过程中，需要企业、政府和社会等多方的合作。美国、德国都建立了专门的区域发展管理机构，如美国建立了田纳西河流域管理局、德国建立了区域经济政策部际委员会，并在解决区域经济不平衡的问题时发挥了重要作用。这些专门的区域管理机构促进了区域经济协调发展政策的落实。相比之下，我国很多地区到目前为止还未建立起综合的专门的区域协调管理机构，这导致机构改革的速度相对于区域经济发展的速度而言比较滞后，也无法发挥专门区域发展管理机构对区域经济发展的促进作用。

机制的运行需要机构的保障，建议借鉴京津冀协同发展领导小组的做法，建立由中央政府主导、港澳特区政府和广东省政府参与的粤港澳大湾区协同发展领导小组，级别和功能与当年的三峡办、南水北调办类似，负责粤港澳大湾区的规划建设和合作协调，包括绿色金融领域的专项工作，机构办公地点设在国务院，由中央政治局委员级别及以上的领导直接担任机构负责人，统筹协调粤港澳大湾区的发展。通过设立这个国家层面的湾区发展协调管理机构，可以有效推进粤港澳大湾区的顶层设计，建立粤港澳大湾区发展日常工作机制，就大湾区的发展目标、优势互补、产业布局、基础设施、环境保护、绿色金融等制定针对性强的发展规划，协调解决制约大湾区协同发展的重大复杂问题，为粤港澳大湾区协同发展提供体制机制保障。粤港澳大湾区协同发展领导小组成立后，应尽快推动粤港澳三地政府代表，协商签订《粤港澳绿色金融合作协议书》，协议书的主要内容包括积极推动大湾区内绿色金融的发展，实现优势互补，以及建立定期沟通渠道和日常联络渠道，商讨合作计划以及合作项目，不定期会晤及交流互访，促进信息互通。

为了更好地加强粤港澳地区的绿色金融合作，建议通过设立绿色金融合作委员会的方式来促进大湾区各城市之间绿色金融的发展，进一步加强粤港澳大湾区绿色金融学术、绿色金融人才培养、绿色金融先进经验等方面的交流。粤港澳大湾区绿色金融合作委员会是粤港澳大湾区协同发展领导小组下设机构，粤港澳三地共同派出指定的负责人组成绿色合作委员会。

（2）强化统筹绿色产业布局。区域整体竞争力归根结底在于产业的竞争力，而产业竞争力的关键在于产业区域特色优势的形成。因此，粤港澳大湾区内各地区必须从自身的比较优势和竞争力出发，统一制定适合本地区特点的区域产业政策，在粤港澳大湾区城市功能发展的规划过程中，一定要注意错位发展、优势互补，这样可以减少恶性竞争，并且使湾区城市群的集聚效应最大化。在粤港澳大湾区战略中，广东民营经济发达、市场活力很强，港澳地区开放度极高，国际资本大量流动，城市之间分工协作，区域资源和要素重新整合，整个区域将获得更大的发展，并将辐射周边城市，其全球影响力将进一步提升。

因此，研究制定粤港澳大湾区城市群发展规划，关键是解决粤港澳都市圈各地区之间各自为政的"诸侯经济"问题,使粤港澳大湾区成为产业结构优化、优质要素集聚的核心增长极。

6.5.2 政策引导路径

(1)考核制度打破辖区限制。应认真科学地梳理好湾区内各个城市、区域的不同诉求,在基础设施、产业发展、社会民生规划等方面都按照湾区发展的规律和特点进行系统考量,制定一个共同的发展目标。各个城市、各个区域能否真正打破自己的利益考量,打破行政辖区的限制,真正按照湾区经济发展的特点,以经济来主导区域发展,形成一个开放性的经济体系,是至关重要的。解决这个问题的核心就是要建立一套科学合理的合作机制,包括合理的补偿机制以及站在大湾区的角度和基础上建立的考核评价制度,不以一时一地的发展来评价考核地方政府的工作,而是放到湾区整体发展的范围内去评价考核。

(2)推动绿色企业联合协作。各地政府要充分尊重企业的意愿,努力为企业的跨地区扩张和竞争创造更为宽松的条件和环境,在竞争中进行产业整合,在竞争中形成合理的产业分工和区域优势。在国家政策大力支持的背景下,大湾区内的各地方政府和监管机构必然会制定更多的优惠政策。政策红利先行先试,将会创建全方位的绿色金融创新环境,促进粤港澳大湾区内的绿色金融创新及服务快速发展。粤港澳大湾区各级政府应把促进企业合作作为推进区域合作的一项重要任务,制定相关政策,引导和促进绿色金融机构联姻,绿色产业相关企业之间强强联手。通过出台相关的优惠政策加大粤港澳之间绿色金融的合作,政府和企业各司其职、相互协作,碰撞出双赢火花。随着大湾区建设的加速和对外开放程度的提升,全球金融机构及优质企业会如潮般涌来,金融服务创新的需求也将更为丰富。

6.5.3 市场驱动路径

(1)组建绿色金融交易平台。通过搭建绿色金融交易平台,促进粤港澳三地的绿色金融合作和资源共享。以碳排放权交易所为例,建立碳排放权交易市场是深化生态文明体制改革的迫切需要,有利于降低全社会减排成本,推动经济向绿色低碳转型升级。可借粤港澳大湾区建设的机遇,利用澳门特区在葡语国家的地位，建立中国—葡语国家的碳排放权交易所，并与深圳、广州联通，优势互补，稳步推进建立大湾区的碳市场，为我国有效控制和逐步减少碳排放、推动绿色低碳发展做出新贡献。

（2）跨区共建绿色产业园区。打破行政壁垒，推动绿色产业跨区域梯度转移，延伸延长绿色产业链，利益共享、风险共担，培育形成新的绿色产业集群，为开展绿色金融提供广阔的绿色项目市场。例如，邀请香港特区、澳门特区的知名金融企业来广州市花都区绿色金融街建设分支机构，以绿色产业转移承接为重点，强化产业合作；加快开发区改革与创新发展，在东莞、佛山等地打造承接粤港澳绿色产业转移合作示范区，加大土地保障、电力直供、税收共享等方面体制机制创新，优化绿色产业发展环境。

6.6 绿色金融合作阶段发展目标

粤港澳大湾区绿色金融合作的进展应该循序渐进、逐步完善，建议将粤港澳大湾区绿色金融合作规划分为三个阶段逐步实施：近期（准备阶段）、中期（发展阶段）和远期（成熟阶段）。

6.6.1 近期规划目标

近期为准备阶段（2018~2019年），主要任务是从机构和体制上奠定粤港澳大湾区绿色金融合作的基础，主要目标为：

（1）区域统筹管理机构成立，即粤港澳大湾区协同发展领导小组挂牌成立，其下设立粤港澳大湾区绿色金融合作委员会，推动粤港澳三地政府代表协商签订完成《粤港澳绿色金融合作协议书》。

（2）粤港澳大湾区相关发展规划、城市群发展规划编制完成，并通过科学论证，构建粤港澳都市圈内部有序协作以及优势互补的产业布局结构。

6.6.2 中期规划目标

中期为发展阶段（2020~2022年），主要任务是构建和完善多元化、多层次、全覆盖的绿色金融市场体系，规划目标为：

（1）多层次的绿色金融机构健全，绿色引导基金、绿色银行、绿色保险公司、证券交易所绿色分所、碳交易所等平台均已建立，并在大湾区内达到省、市两级行政区域全覆盖。

（2）多元化的绿色产业体系完备，大湾区内建立多个跨行政区的绿色产业园区，绿色产业链完整，绿色企业发展势头良好，为绿色金融机构提供健康良好的市场环境。

6.6.3 远期规划目标

远期为成熟阶段（2023~2025年），主要任务是完成粤港澳大湾区的转型升级和绿色金融发展的转型升级，规划目标为：

粤港澳大湾区在发展过程中将完成两个转型，一是从单一的城市向城市群转型，二是珠三角制造业为主的城市从原来的制造业中心向科创中心转型。在产业升级方面，粤港澳大湾区充分发挥产业互补优势，打造具有国际竞争力的现代产业先导区、战略新兴产业集群，加快向全球价值链高端迈进。在区域融合的过程中，结合各城市的规模等级，将会构建层级明确、功能协同的现代服务业体系。

绿色金融合作的远期规划目标：粤港澳大湾区核心金融圈的发展将进一步催生和形成更加深入的多层次金融市场，将会设立在岸跨境绿色金融服务中心，为"走出去""走进来"企业提供"一揽子"跨境金融服务，解决金融产品跨境运行、跨境监管等问题；扩大金融资产和不良资产跨境交易，非标资产交易迅速扩大，形成公开透明、安全便捷的交易市场；在粤港澳大湾区创建全国性碳交易市场；各类新型债券（如以政府为发行主体的绿色债券）发行速度将会大幅度加快，形成多层次债券市场，在拓宽海内外项目融资渠道的同时，进一步提升人民币国际化的速度和影响力，最终把粤港澳大湾区建设成与纽约大湾区比肩的国际绿色金融中心区。

6.7 本章小结

综合考虑经济效益和环境效益,经过研究分析,提出粤港澳大湾区的绿色金融总体合作模式应遵循的十六字方针为"双核驱动,互联互通,优势互补,集聚发展",而且经环境影响评价预测分析,合作后的环境效果明显。大湾区的绿色金融合作实施途径应遵循"区域统筹,政策引导,市场驱动"十二字方针,循序渐进,逐步完善,分阶段实施。

第7章 大湾区绿色金融合作发展措施建议

本章从宏观政策法规、组织机构体系、具体实施政策、合作项目类型等方面，提出了有利于促进粤港澳大湾区绿色金融合作和协同发展的措施建议。

7.1 建立健全绿色金融法规政策体系

要想促进区域协调工作的有序进行，必须建立完善的法律保障体系。就我国经济发展的过程来看，地区发展立法方面仍处于空白状态，政府扶持中西部地区发展、解决地区间协调发展的政策和措施难以得到有效的实施。主要原因是：相比于法律，这些计划、政策、措施不具有强制执行力，实施在很大程度上依赖执行者的执行力和自觉性，没有形成完善的责任制度，使计划、政策、措施难以得到有效实施。因此，需要从立法角度对缩小地区发展差距的计划、政策、措施等进行规范，明确界定地区发展过程中涉及的有关政府的责权利关系，为地区经济发展提供法律依据。

应在粤港澳大湾区内确立各种金融创新的法律地位，推动相关立法进程，为绿色信贷、绿色债券、环境污染责任保险等绿色金融业务的开展提供法律保障。制定优惠政策，鼓励银行、保险和基金公司等金融机构提高自身环境责任。完善绿色金融政策环境，对银行制定差异化的绿色信贷监管和激励政策，探索研究在绿色金融项目贷款额度内适当采取减免存款准备金、减免营业税等措施，对符合条件的绿色信贷，适当采取宽松的呆坏账核销政策等。给予绿色金融财政税收支持,降低商业银行办理绿色金融业务的营业税率和相关所得税税率等。进而,研究制定绿色金融实施指南,建立健全环境会计制度,出台绿色金融项目认证规则,统一绿色信贷单列统计、分类考核的统计标准,建立具体、细致、统一的符合粤港澳大湾区开展绿色金融现实情况的交易规则。

7.2 建立健全绿色金融组织机构体系

世界三大湾区都非常重视规划的实施,例如在纽约湾区的形成与发展过程中,纽约区域规划协会跨行政区域的统筹协调规划起了重要作用;又如旧金山湾区及硅谷的形成和发展,政府很少干预,但湾区还是建立了一些区域治理机制,像是区域性地方政府协会(ABAG),它是一个契约型组织,具有行政区的特征,主要任务是强化地方政府间合作,在基础设施建设、生态环境保护等方面推动区域协同发展;再如东京湾区内的一都三县,每个地区都有各种规划,规划的衔接都由智库居中协调,保持区域建设的长期性和协同性。

因此,粤港澳大湾区绿色金融合作也应建立跨行政区域的统筹协调机制,设立专门的组织机构。绿色金融专业机构是绿色金融市场的主体,只有建立健全绿色金融专业机构,绿色金融市场才有可能发展壮大。构建绿色金融体系,需要做好整体战略规划,以研究建立健全绿色金融政策制度体系、设立绿色金融专业机构为两个重点方向,统筹协调粤港澳地区的财税部门、环保部门、金融机构等多方力量,推动跨区域、跨部门合作,促进绿色金融自主、有序、规范发展,实现环境保护需求与金融资本供给的有效融合。粤港澳大湾区应坚持政府主导、股权多元、市场运作原则,探索建立绿色银行、绿色证券交易所、环境保险公司、环境信托公司等专业的绿色金融机构,推进绿色金融业务有序拓展。

可先从设立绿色银行取得突破,再带动其他绿色金融机构的建设。按照先易后难、试点先行的原则,鼓励商业银行成立绿色事业部或设立环境支行,加大对环境保护项目的信贷支持力度。由国家统一为粤港澳大湾区设立绿色金融监督机构,对金融机构执行绿色金融政策的情况不断加强监督检查,监督银行对融资项

第7章 大湾区绿色金融合作发展措施建议

目环境和社会风险建立审核与管理机制，完善外部监督体系并加强管理，强制上市公司及有条件的非上市公司定期披露环境保护信息。

7.3 减少干预促进市场要素自由流动

粤港澳大湾区未来应以全球视野大力提升对外开放总体层次，以制度创新为突破口共建湾区协调发展机制，以战略眼光加快促进湾区高端要素集聚水平，以前瞻性思维长远谋划湾区现代产业体系，以宜居宜业为目标共同打造粤港澳优质生活圈，更好地为国家实现深化改革和扩大开放的战略目标服务。政府应充当市场环境的创造者和培训者角色，减少市场干预，打破行政壁垒，重视市场机制配置资源的基础作用与政府引导相结合，鼓励各个市场要素自由流动，尤其是资本的自由流动。

7.3.1 实现服务贸易市场一体化

经过10多年CEPA的落实和深圳前海、珠海横琴、广州南沙自贸区的试验，港澳和广东省贸易服务在开放领域和准入条件方面都有一定的改善。但是从总体上讲，在服务贸易的对外开放方面还没有取得大的突破，自贸区试验的成果也是形式大于内容。粤港澳大湾区的规划和建设，为打破服务贸易对外开放的僵持格局提供了契机。在大湾区的规划和建设中，可以从形式上把原来分散的三个小块广东自贸区，扩展到整个大湾区，在内容上真正进行大胆的改革创新，对香港特区的服务贸易全面开放，尤其是在金融、电信、文化等关键领域实现服务贸易市场一体化，移关合区，封闭运行，建设中国最大的自由贸易区。撤销香港特区政府、澳门特区政府在深圳、珠海陆路上的海关；将大湾区内地九城市直接通向香港特区、澳门特区的陆路、水路、铁路的海关，后移至大湾区九城市与广东境内其他城市接壤的区域，形成大湾区与内地之间的二线海关，使从香港特区、澳门特区进口的货物在大湾区内自由流动，同时避免少数免税商品和货物对内地市场的冲击，防止出现走私影响国家税收；将现有分别属于世界贸易组织（WTO）

体系下的三个关税区合并为一个关税区，并在此基础上，实施货物贸易自由的自贸区政策，不仅可以实现货物贸易自由化，而且可以在服务贸易、投资、政府采购、知识产权保护、标准化等多个领域实现自由化和一体化，实现我国对外开放新的重大突破。在大湾区实行统一的自由贸易区政策后，大湾区将进一步进行制度体制机制创新，进一步对接高标准的国际贸易规则，进一步融入世界经济体系，提升全球经济一体化程度，使粤港澳大湾区与北美自由贸易区、欧盟等一起成为世界上最有影响力的自贸区，为中国的改革开放、经济发展和实现国家治理现代化做出更大的贡献。

7.3.2 绿色金融资金自由融通

粤港澳是我国跨境资金流动最为活跃、金融创新最有活力的区域，2017年，粤港澳大湾区内跨境资金流动量约为4.6万亿元。应把粤港澳大湾区定位为连接境内外资金市场的缓冲区域，使其成为沟通境内境外资金的重要节点和关键枢纽。结合国家"一带一路"倡议，将粤港澳资金流动通道辐射到东南亚及非洲各国。粤港澳大湾区跨境资金自由流动的关键是放开跨境金融业务，逐步增加资金流通途径，如完善深港通、基金互认、债券通等跨境资金双向流通机制和配套政策等。粤港澳大湾区核心金融圈的发展离不开粤港澳金融市场的深度对接。一方面必然会深入推进粤港澳湾区内金融机构协同、金融市场对接、金融产品互认、金融基建互通、金融人才互动，促进粤港澳优势互补，增强大湾区金融集聚力。另一方面将会大力推进粤港澳金融要素的自由流动，打通金融市场，提升金融要素运转效率和效能，充分利用境内、境外两种金融资源支持大湾区实体经济的发展。其中，香港特区将充分发挥国际金融中心的功能为粤港澳大湾区的建设提供融资、投资、服务等多种金融支持。大湾区内可以先行探索各种货币自由兑换，为人民币成为自由兑换的国际货币创造条件。为了减少对国家经济发展可能造成的波动和影响，可以分步分阶段实施并逐步达到目标，比如，可考虑首先放开生活资料市场，然后视时机放开生产资料市场；在生活资料市场方面，可考虑首先放开日用消费品市场，然后放开奢侈品市场等。针对不同体制下港澳与内地资本流动不通畅的多年难题，可以考虑以绿色金融为突破口的折中解决思路，即考虑采取港澳的绿色金融专项资金流入内地单向不设限等方式，既满足外汇监管的基本目的——防止资金外流,又提高了内地绿色产业项目的融资渠道。并且,考虑采用债转股等模式,保障港澳投资的收益稳定性与可靠性,从而一举两得,获得优势互补、集聚发展的目标效果。

7.3.3 提高人才自由流动程度

想要在粤港澳大湾区内实现人才的自由流动,建议打破户籍限制,使大湾区内广东省户籍居民可以免港澳通行证自由进出港澳地区,为粤港澳大湾区内部分绿色金融从业相关人士(例如各金融机构工作的高管、某些政府部门的工作人员、高校任职的学者等)开设进入港澳免签通道。粤港澳大湾区内各地方政府可以通过协商,制定相关的粤港澳大湾区出入境免签人员的规定,符合协议规定条件的人员可向政府申请出具证明,这些人员可以凭借此证明自由出入境。开设部分人员自由出入境的通道,让大湾区的各领域人才能更方便地外出进行交流学习,从而加强粤港澳大湾区的合作与交流,进而促进粤港澳大湾区绿色金融的合作发展。

7.4 积极推动绿色金融跨区域合作

7.4.1 绿色金融信息交换共享

随着绿色金融发展加速以及环境保护重视程度不断提高,特别是《关于构建绿色金融体系的指导意见》明确要求建立上市公司强制性环境信息披露制度以来,国内环境信息披露取得积极进展,并在实践中不断完善。但因为缺乏有效的内外部约束机制,国内环境信息披露主体数量偏少,信息披露的全面性严重不足。据 Wind 统计,2016 年国内 106.7 万家各类企业中定期披露环境信息的仅 10000 多家,而对于那些对环境信息披露要求最明确、披露能力与意愿相对较强、披露渠道最规范的上市公司,纳入国家重点监控并实施强制性信息披露的仅 165 家。在信息披露过程中,企业为维护自身形象存在显著的避重就轻、选择性披露等问题,信息披露大多以定性描述为主,缺少定量说明,不仅削弱了信息披露的有效性,也增加了第三方机构对绿色项目和绿色企业评估的难度,不利于国内绿色金融风险的防控。在绿色金融信息共建共享方面,粤港澳地区体制的差异,造成三地金融业务部门间的数据及软件系统通用性不强,数据共享性差,因此目前粤港澳大湾区绿色金融信息化偏低,仍处在分散起步阶段。

对此,提议建立粤港澳大湾区绿色金融信息共享中心,共享的内容包括粤港澳区域的绿色金融政策制定、绿色金融机构组建、绿色金融产品创新以及绿色金融宣传活动的有关信息。建立绿色金融信息共享系统的最大难点莫过于粤港澳三地不同系统、部门之间资料的收集与组织协调。所以,共享系统的建立开发应有统一的领导、规划和统筹指挥,获得粤港澳领导的全面支持,相互积极配合、主动参与。

7.4.2 联合支持绿色产业项目

粤港澳在绿色产业建设项目合作方面有很多案例,例如深圳交易所正布局"一带一路"市场,继续研究推进跨境股权合作,建议下一步借粤港澳大湾区建设东风,持续探索粤港澳大湾区资本市场跨境合作,研究如何有效利用香港特区离岸人民币中心地位及珠三角地区创新经济发展优势,实现粤港澳金融竞合有序、协同发展,也将持续探索粤港澳大湾区金融科技发展的新思路,为"一带一路"建设、资本市场双向开放提供支持。深圳市还在筹备建设粤港澳大湾区天然气交易中心,此交易中心的定位是立足粤港澳大湾区,辐射西南地区、中南地区、东南沿海和东南亚,而作为深圳市唯一的管道天然气经营者,深圳燃气为大湾区天然气交易中的筹备提供了前期的分析研究等支持。被认为将在未来替代石油能源的可燃冰,可望在"粤港澳大湾区"率先实现产业化开采。国土资源部、广东省政府和中石油集团三方联手在"粤港澳大湾区"推进天然气水合物开采的产业化和商业化,并着手研究规划相关产业。在以上绿色产业建设项目的施工、运营过程中,粤港澳大湾区的绿色金融机构可以联合组建专项的绿色基金或采用其他方式,共同支持绿色产业建设项目的发展。

7.4.3 组建绿色金融创新联盟

金融与科技的结合将会产生极大的经济发展动力,创新资源是粤港澳协同发展最宝贵的财富。应加强粤港澳科技创新合作，建立粤港澳大湾区开放型科技创新体系，探索"粤港+国际"绿色金融创新科技合作新模式，加强绿色金融研究成果和实践经验的交流和共享。可以企业为主体发起，联合科研院所建立绿色产业技术创新联盟，推进产学研用融合对接，例如大湾区各地市与区域内香港大学、中山大学、清华大学深圳研究院等知名高校和科研院所合作，推进绿色创新项目研发与转化，组建绿色产业技术创新和绿色金融创新的联合体，积极培育容纳高端人才的国家级科研工程中心和高等院校、高研发投入的民营企业和科技创新型企业，以及机制灵活、创新活跃的社会机构和团体，储备粤港澳青年创新人才，打造绿色产业协作运行平台，加强高校与企业间合作，促进产学研互动与对接，探索建立绿色金融科技创业合作框架，为湾区绿色金融创新创业活动提供有力保障。

可考虑共同创办大湾区绿色金融研究院，由粤港澳三地政府、高校、企业、社会多方合作创建，主要培养绿色金融人才。通过联合创办湾区绿色金融研究院的方式打破三地绿色金融交流合作的体制壁垒，加强三地交流合作，共同营造湾区绿色金融研究合作氛围，推进湾区绿色金融的发展。

7.5 鼓励整体绿色金融服务创新

鼓励粤港澳大湾区各城市的金融机构创新绿色金融服务，研究推进碳期权期货、绿色金融租赁、节能环保资产证券化、与碳资产相关的理财、信托和基金产品、节能减排收益权和排污权质押融资等。鼓励绿色保险的创新，拓展绿色保险品种。随着目前各类绿色产业市场集中度越来越高，鼓励粤港澳三地的绿色金融相关机构合作开发如下绿色金融产品：

7.5.1 鼓励发行"绿色"债券

绿色债券即募集资金用于特定绿色项目的债券。绿色债券不是某一种债券，而是很多种债券，根据发行人和发债场所的不同，绿色债券的类型也不同，包括绿色金融债券、绿色企业债券、绿色公司债券、绿色中期票据、绿色资产证券化等。绿色债券的发行条件相较于企业债券有所放宽，具体可见表7-1。

表7-1 发行绿色企业债券的附加（放宽）条件

	附加（放宽）条件
绿色企业债券	（1）允许上市公司及其子公司以公开或非公开方式发行绿色企业债； （2）发行绿色债券的企业不受发债指标限制； （3）债券募集资金占项目总投资比例放宽至80%； （4）在资产负债率低于75%的前提下，核定发债规模时不考察企业其他公司信用类产品的规模； （5）可以使用不超过50%的募集资金偿还银行贷款和补充运营资金； （6）比照发改委"加快和简化审核类"债券审核程序，提高审核效率

中国绿色债券市场发行的速度快，发行的规模大，极大地推动了中国绿色产业发展的进程。借助中国庞大的债券市场，为"一带一路"的基础设施建设发行债券，能筹集到大量的资金。进一步鼓励发行国债和地方债用于环境保护基础设施建设，支持金融机构通过发行绿色金融债的方式引导资金投向绿色环保产业。支持重点领域建设项目采用企业债券、项目收益债券、公司债券、中期票据等方式，通过债券市场筹措资金。

对于一些社会效益较好但需要动用大量资金的环保项目和生态工程，粤港澳大湾区各城市可以通过发行绿色金融债券的方式来解决。中国已是世界上最大的绿色债券市场。相关统计显示，中国绿色债券发行量已由2015年的约13亿美元上升至2016年的330多亿美元，占全球总额逾1/3。2017年一季度，在中国发行的绿色债券超过80亿美元，约占全球绿色债券发行量的一半。

7.5.2 发行绿色证券产品

把环境质量评估作为企业上市评估的一项重要内容，此举将会产生很大的市场导向作用。企业上市融资或上市后再融资时，应审核其环保事项，环保不过关的企业不能上市或再融资。同时还可以发行绿色优先股，专门用于建立环境污染的预防和治理体系。这样可以从上市的角度在环保方面约束所有的上市公司和期待上市的公司。此外，在当前企业环保意识还不强的背景下，粤港澳大湾区各城市可鼓励企业发行绿色企业债券或绿色金融债券，缩小新一代能源（如生物能源、太阳能、潮汐能）项目与普通项目贷款利率的差异，降低企业成本。

7.5.3 推动绿色基金 PPP 创新

绿色基金是指基金管理公司管理的专门投资于促进环境保护、生态平衡事业发展的公司的股票的共同基金。国家发改委《产业投资基金管理办法》规定，基金资产只要有 60% 投资于环保产业就符合环保产业基金的要求。因此，绿色基金在投资上有很大的自主性。通过绿色产业基金培育技术领先、管理科学的实力型企业做大做强十分重要，一方面，它可以对市场上的绿色企业起筛选作用，另一方面，对于政府引导基金管理机构或者金融机构而言，它是新的利润增长点。产业基金出于以利润为先导目标的前提，主要用于扶持已有市场基础、具有一定营利性的行业，包括各种可再生能源发电、新能源汽车、污水处理等企业。这些行业都属于重资产行业，对资金需求量大，企业必须做大做强才能形成市场竞争优势，从而降低建设运营成本，并逐渐形成核心技术壁垒与人才优势，因此也对创新金融服务的介入有着迫切的需求。

中国目前采用财政资金引导、社会资本投入为主、市场运作的方式，探索以开发性金融资金为主设立国家和地方环境保护基金，引导社会资本积极参与污染防治和环境监管领域，重点支持环保 PPP 项目和环境污染第三方治理项目融资。2015 年 5 月，国务院办公厅转发财政部、国家发展改革委、中国人民银行《关于在公共服务领域推广政府和社会资本合作模式的指导意见》，特别提出要在节能减排等生态环境保护十三大领域积极推广 PPP 模式，并将推广 PPP 模式列为"双引擎"之一。在这些领域已取得了丰富的经验，可以将其传授给其他"一带一路"沿线国家，帮助其发行绿色基金产品。环境保护部、外交部、国家发展改革委、商务部出台《关于推进绿色"一带一路"建设的指导意见》，明确鼓励符合条件的"一带一路"绿色项目按程序申请国家绿色发展基金、中国政府和社会资本合作（PPP）融资支持基金等现有资金（基金）支持。发挥国家开发银行、中国进出口银行等金融机构的引导作用，形成中央投入、地方配套和社会资金集成使用的多渠道投入体系和长效机制。粤港澳大湾区各城市跟其他中国城市目前情况一样，在绿色投资方面需求极大，但是财政方面的资金又远远满足不了其需求，发展绿色基金 PPP 模式具有潜在市场。因此，建议粤港澳大湾区 11 个城市各拿出一部分资金，组建大湾区绿色产业引导基金，支持绿色产业发展，并支持围绕大湾区大气污染、水污染、土地退化、化学品、废弃物、生物多样性、气候变化等方面的环境保护活动。

7.5.4 试验绿色金融衍生产品

金融衍生产品是指其价值依赖于基础资产价值变动的金融合约。排污单位通过治理污染使其实际排污量低于允许排污量，该排污单位就可以向主管机构申请排放减少信用（等于实际排污量与允许排污量之间的差额）。在美国，法律已赋予排污权以金融衍生工具的地位，允许其以有价证券的方式在银行存储，并且储存的信用可以用于出售或转移到其他工厂。类似的产品还有天气衍生品，利用天气衍生品对天气风险进行管理的商品生产者和交易者越来越多。芝加哥交易所（CME）于 1999 年首次推出场内交易的天气衍生品，此后陆续推出了美国一些城市的天气合约。国外的天气衍生品市场发展迅速，交易量显著增长，交易品种日益多样化，已成为金融衍生品市场中最具活力的市场之一。根据美国天气风险管理协会 2008 年所做的调查，2000～2007 年，按合同的票面价值计算，天气衍生品的交易额已从 29 亿美元上升到近 580 亿美元，将近原来的 20 倍。目前中国已经在进行有关天气衍生品和排放减少信用等金融衍生品的试验，但还都处于起步阶段。中国的各城市，可以借鉴国外的经验，共同建立一个天气衍生品的交易市场，同时在天气衍生品交易市场建立之初先制定相应的法律体系，通过立法为衍生品的创新保驾护航。

7.5.5 发行"绿色"彩票

在海外许多国家和地区，彩票发行规模非常大，以至于许多学者称其为"第二财政"，彩票所筹资金主要用于公益事业。中国的彩票发行市场潜力十分巨大。首先，目前中国的彩票购买率较低，有很大的提升空间。美国有 85%、法国有 64%、日本有 70% 的人购买过彩票，而中国只有 6% 的人购买过彩票，中国农村彩票市场几乎空白。其次，中国居民手中的储蓄存款已达 12 万亿，支付能力充足。按照中国现行的彩票发行有关法律的规定,如果国家每年发行 100 亿元的国民经济"绿色"彩票,扣除发行费用和返奖部分,至少能筹集 30 亿元的资金;如果发行 300 亿元的"绿色"彩票,则将筹集到近 100 亿元的"绿化"资金。而"一带一路"沿线其他国家彩票发行市场的发展水平与我国相比还有较大差距,有更大的提升空间。

7.5.6 推出绿色保险产品

绿色保险也就是环境污染责任保险,是企业就可能发生的环境事故风险在保险公司投保,由保险公司对环境污染的受害者进行赔偿。运用绿色保险手段处理环境污染事故,一方面,可以帮助企业确定污染责任,增强企业防灾防损意识;另一方面,受害人能够及时获得赔偿,也能减轻政府财政赔偿压力。借鉴京津冀绿色保险的创新模式,鼓励保险机构创新绿色保险产品和服务,支持环保、节能、清洁能源、绿色交通等产业发展。推动环境污染责任保险发展,支持保险机构开发环境高风险领域的环境污染责任保险。可以研究设计可操作性强的环境污染强制责任保险产品,在"一带一路"沿线各国的涉重金属企业以及其他高环境风险企业范围内,不断拓展绿色保险的应用范围。

7.5.7 推进绿色资产证券化

在粤港澳大湾区,鼓励上市环保企业利用股市融资,在城镇污水处理等环境基础设施领域实施资产证券化,推动具备一定收益能力的经营性环保项目形成市场化融资机制,拓宽企业融资渠道,为企业加大环境污染治理投资力度提供保障。

绿色资产证券化具有以下优点:①基础资产和发行人信用评级分离。因此可以解决拥有较高信用评级的绿色资产的发行人信用评级低的问题。②融资成本低。通过绿色资产证券化融资,有助于解决中长期绿色项目融资难、融资贵的问题,推动绿色金融的发展。③可以解决投资标的难以识别的问题。投资者可以直接投资于绿色资产证券化的产品,获得较大的流动性,降低投资风险,从而吸引更多的投资者进入绿色产业。

我国已经有许多绿色资产证券化产品发行成功的案例,有着丰富的经验,例如：2015年，"平安凯迪电力上网收费权资产支持专项计划"前后两期在深交所成功发行，共计募集资金33.22亿元；2015年8月，"龙桥集团应收账款资产支持专项计划"在深交所成功发行，基础资产为污水处理设施建设回购债权，募集资金10.5亿元；2016年7月27日，新疆金风科技发行"农银穗盈金风科技风电收费收益权绿色资产支持证券"。由此可见，推进绿色资产证券化可以促进粤港澳大湾区各城市绿色金融的发展。

7.5.8 丰富绿色信贷产品

绿色信贷方面联合发放绿色银团贷款以及拓展绿色再贷款业务，绿色保险方面联合销售环保责任险以及拓展绿色再保险业务。

7.5.9 加快建设环境权益交易市场

建议在广州市花都区建立一个融合多种碳金融产品交易的环境权益交易市场，以广州为核心，辐射整个华南地区，进而建立全国范围内的环境权益交易市场，成为环境权益交易界的"深市"或"沪市"。

7.6 "9+2"城市具体绿色金融产品设计

7.6.1 香港特区绿色金融产品设计

香港特区最强大的优势就是国际金融中心的地位，发挥香港特区国际金融中心的地位优势，把香港特区打造成粤港澳大湾区的国际绿色金融中心。绿色金融产品设计如下：

（1）发行绿色债券。目前在香港特区发行绿色债券的主体包括国际多边金融机构、本地和海外的私营机构，债券涵盖不同币种和年期。为进一步活跃绿色债券市场，特区政府推出了一系列优惠措施，如绿色债券资助计划、减免投资香港债券的税务负担等。特区政府推出绿色债券，鼓励更多的全球集资者通过香港资本平台为绿色项目融资。大湾区给香港特区带来了庞大的绿色投融资市场空间，国家支持香港特区成为大湾区绿色金融中心和建设国际认可的绿色债券认证机构，香港特区未来会吸引更多不同类型、不同地区的绿色金融参与方，越来越多的大湾区企业也会到香港特区进行绿色融资。香港特区可以积极探索新业务，释放成为全球领先绿色金融中心的巨大潜力。

香港特区可以发行绿色资产担保债券、绿色按揭证券化产品、绿色贷款抵押债券，拓宽绿色信贷的市场空间。

（2）开发环保产业指数产品。环保产业指数是一种特殊的产品，通过公开方式引导社会资金流入环保产业，提高社会资金的配置效率。开发环保产业指数能够在一定程度上反映企业的环境责任，有助于投资者的判断；同时可以开发环保产业衍生品，通过合约的方式规避风险。发达国家在此类指数开发方面比较成熟，国外具有代表性的可持续指数包括道琼斯可持续发展指数、伦敦金融时报社会指数、MSCI 的 ESG 系列指数、纳斯达克清洁绿色能源指数、标准普尔全球清洁能源指数等。我国的环保产业指数发展比较晚，2007 年，深圳证券信息有限公司与天津泰达有限公司联合推出了国内第一只社会责任型指数——泰达环保指数。上海证券交易所联合中证指数有限公司和英国 Trucost 公司发布了上证 180 碳效率指数。2010 年，北京环境交易所与清洁技术投资基金 Vantage Point Partner 在北京共同推出首个中国低碳指数。根据联合国环境与经济综合核算体系对环保产业的界定方法，将符合资源管理、清洁技术和产品、污染管理的公司纳入环保产业主题，采用等权重加权方式，推出上证环保产业指数。2017 年，中央财经大学绿色金融国际研究院绿色股票及 ESG 指数团队施懿宸教授发布了"绿色领先股票指数"方法学，"绿色领先股票指数"方法学由三大部分构成：第一，企业"绿色表现"的定性指标；第二，企业"绿色表现"的定量指标；第三，企业负面环境新闻及环保处罚。2017 年 3 月，中央财经大学绿色金融国际研究院与深圳证券信息有限公司联合编制了中财—国证绿色债券系列指数，并在深圳证券交易所和卢森堡证券交易所同时挂牌上市。

兴业银行为个人和企业投资者创设了绿色投资产品，比如"中债—兴业绿色债券指数"，在该指数的基础上还专门发行了相关的绿色理财产品，此外，还发行了基于存量绿色资产的绿色理财产品。2017 年 6 月，正式成立了以中债—兴业绿色债券指数为投资基准和跟踪标的的兴业银行"万利宝—绿色金融"绿色债券指数型理财产品,募集资金主要投向绿色环保项目和绿色债券,投资标的均属于中国人民银行关于绿色金融债的 39 号公告及附件和中国银监会绿色信贷统计制度等监管文件重点支持的绿色环保资产。初期成立规模为 20 亿元。11 月 30 日,首次开放申购赎回,短短 6 天便募集资金 100 多亿元。创设发行该产品是兴业银行在探索绿色债券投资模式,该产品是首只使用中债绿色系列指数作为基准与标的的理财产品,标志着中债绿色系列指数应用取得新突破。

7.6.2 澳门特区绿色金融产品设计

2019 年 2 月,国家发展改革委与澳门特别行政区政府,签署《国家发展和改革委员会与澳门特别行政区政府关于支持澳门特区全面参与和助力"一带一路"建设的安排》,支持澳门特区研究建设绿色金融平台和以人民币计价的证券市场。近年来,澳门特区大力发展特色金融和融资租赁,可以在此基础上支持绿色金融的发展。在完善自身绿色金融基础建设的同时,与大湾区各城市有序对接,推动大湾区的绿色金融建设,以及与葡语系国家绿色金融市场的互联互通。绿色金融产品设计如下:

(1)中国—葡语国家碳排放权交易所。所谓"碳排放交易",即给每个企业确定温室气体排放总量,少排放的部分可以到碳交易市场上卖;相反,如果某企业碳排放超过配额,则要花钱买。在中国还属于发展中国家尚不承担有法律约束力的温室气体限控义务的情况下,中国内地的碳排放交易所推动的是自愿减排,需求十分有限。在推动碳排放权交易方面,欧盟走在世界前列,属于欧盟的葡萄牙等国家已经有了较长的交易历史也积累了一定的经验,对内地的碳排放权交易所也是一种借鉴。中国—葡语国家碳排放权交易所成功启动,将会对内地的碳排放权交易需求产生一定的促进作用。

(2)中国—葡语国家绿色金融信息交流中心。2019 年 3 月,由澳门特别行政区政府组织的"泛珠 9 + 2 省区商务交流团"走进葡萄牙,深入当地金融机构、环保机构,围绕环保、绿色金融等主题展开交流。交流团与葡萄牙有关部门及机构深入交流了绿色金融、环保工作等领域的有效做法,探讨可持续性发展的未来方向。作为绿色金融领域发展程度较高的国家,葡萄牙的各项措施、政策和产品都有值得我们学习和借鉴的地方。我国绿色金融的发展程度与其他葡语系发展中国家差不多,可以一起探讨当前遇到的难题,群策群力,让绿色金融的发展更加快速和高效。2019年3月28日,澳门特区举办了澳门国际环保合作发展论坛及展览,这次的参会国家就不仅限于葡语国家了,还有一些非葡语国家。此次论坛推进了区域绿色经济的交流和合作,促进了澳门特区的绿色发展。

(3)绿色融资租赁。租赁的设备主要与清洁能源、节能环保、循环经济等绿色产业有关,以解决技术及设备不足等问题。承租人不能局限于澳门特区本地企业,还要包括粤港澳地区的企业,这样才能推动大湾区的绿色金融建设。澳门特区作为一个连接内地与国际的城市,更容易获得国外的先进设备。2019年在上海成立的绿色租赁发展共同体就是一种绿色融资租赁模式。

(4)绿色博彩。绿色博彩有两种形式。一种形式是博彩庄家将博彩产品盈利所得的一部分用于环保。例如由政府牵头,吸引国内外资金加入,作为庄家,以澳门特区第二天空气中PM2.5平均含量作为标的,让人猜测并买入澳门特区第二天PM2.5平均含量所属范围,若猜中则获利,若猜不中则亏损。将一个固定时间段的部分盈利所得按比例分发给各股东,剩余部分则用于环境保护、绿色能源、污染防治等方面。除了PM2.5外,还可以用SO_2、NO_1等污染气体作为标的,或者可以直接用平常标的但盈利所得用于绿色发展方面。另一种形式是澳门特区政府将每年博彩业财政收入的一部分用于环境治理。澳门特区作为国内唯一合法赌博之地,绿色博彩的市场需求大、盈利高,澳门特区每年有40%的财政收入来源于博彩业。

(5)海洋塑料污染治理信贷。作为一个海岛,澳门特区的海洋受污染最为严重,其中塑料污染较为严重。流入海洋的塑料大多数是不可降解的,所以无法回收利用,加上塑料回收需要大量的成本,金融机构可以设计一款"海洋塑料污染治理"的绿色信贷,降低企业用于有关海洋塑料污染治理项目的贷款利息,让澳门特区本地的商业企业及社会团体能购买、更换治理产品及设备,以提高其治理能力,进一步推动治理工作和环保产业的发展。

(6)河流污染治理基金。河流污染治理基金主要用途是治理珠江三角洲工业区流入的工业废水和固体废弃物。资金的主要来源是粤港澳地区各城市政府和珠江三角洲工业区的高污染高排放的企业。资金用于改善管理技术、保护水资源等跟河流污染治理息息相关的产业。澳门特区位于珠江出海口河流的下游,在珠江三角洲工业区下端,工业区的各种污染物随着水流流到澳门特区,成为了当地污染物的来源。相比于塑料,工业废水、固体废弃物中可回收利用的各种元素比较丰富。

7.6.3 广州绿色金融产品设计

广州作为绿色金融改革创新试验区之一,在绿色金融的发展方面走在了全国前列,产品体系相对完善,种类丰富。汽车制造业、石化产业、电子产品制造业是广州的传统支柱产业。本书对广州在粤港澳绿色金融方面有四个功能定位:一是建立绿色金融创新引领区,二是打造生态文明样板示范区,三是建成绿色金融枢纽型网络城市,四是发挥粤港澳碳交易中心地位作用。在对广州绿色金融产品进行梳理之后,针对四个功能定位,其相关绿色金融产品设计如下:

(1)发行绿色企业债。2018年5月,《广东省广州市建设绿色金融改革创新试验区实施细则的通知》明确提出:支持试验区内企业发行绿色企业债券等融资工具,投向绿色循环低碳发展项目。从低碳省市试点到绿色金融改革创新试验,身处绿色创新改革前沿的广东企业踊跃申报绿色债券。2018年,广州市获批我国迄今为止规模最大的绿色企业债,核准广州地铁集团有限公司发行绿色债券不超过300亿元。其中,公开发行130亿元,所筹资金78亿元用于轨道交通工程等领域符合国家产业政策的项目,52亿元用于补充营运资金。这300亿元的募集资金,将有力支持轨道交通工程建设,促进绿色公共交通体系构建,便利广州市民出行,贯彻广州地铁绿色出行的理念,同时将进一步提升广州作为国家中心城市、粤港澳大湾区核心城市的集聚和辐射功能。广州是国家级绿色金融试验区,在绿色金融产品发展上应当发挥创新作用,积极探索绿色企业债的发行,政府鼓励私营企业发行绿色企业债,加快企业绿色发展。积极响应国家及省政府对发展可持续经济和建立健全绿色金融体系的号召,助力广州构建多层次多渠道绿色金融服务体系,围绕资本市场服务实体经济的宗旨,积极探索并践行绿色创新融资服务的成功案例。绿色债的发行有助于绿色产业企业实现低成本融资,为绿色产业发展和生态文明建设提供有力的支持。

(2)丰富绿色信贷产品体系。建设生态文明示范区,坚持走生态优先、绿色发展的道路，把建设生态文明与发展乡村经济有机结合起来，加强生态保护，提质"绿心"生态，推动乡村振兴，加快产业融合，美丽风光变身"美丽经济"，迈出高质量发展的关键一步。"十三五"以来，广州生态文明建设成效显著，绿色发展理念持续深化，生态文明制度体系加快构建，能源资源消耗强度大幅下降，生态环境状况得到较大改善。与 2013 年相比，2017 年 PM2.5 浓度下降 18 微克/立方米，达标天数增加 34 天，在国家中心城市中率先达标，国家督办的 35 条黑臭河涌基本实现不黑不臭，土壤污染防治有序起步。

绿色信贷是支持广州生态文明建设的有效手段，中国人民银行广州分行整合货币政策工具，引导金融资源向广州绿色金融改革创新试验区集聚，从再贴现额度中安排 20% 的比例，用于支持金融机构办理绿色票据再贴现业务。2018 年，投向绿色领域贷款、票据融资的再贷款、再贴现资金近 20 亿元。截至 2018 年底，广州金融机构绿色贷款余额达 2454.6 亿元。创新绿色惠农信贷产品，重点支持都市现代农业、有机生态农业、农村水利工程建设、农业生产排污处理等农业产业项目。支持绿色惠农贷，主要是支持将信贷资金用于农业绿色经济的发展，重点投向地方特色产品。建议信用社负责发放惠农贷，政府负责提供担保。在产品开发上，可以参照中国农业银行湖北省分行的产品模式，比如"益农油茶贷"、"羊羊得益"精准扶贫贷、"兴业贷"、"银光闪耀"光伏扶贫贷等系列创新产品，根据地区特色打造不同的产品。

（3）开发碳期货产品。广州碳排放权交易所成立于 2012 年 9 月，是国家级碳交易试点交易所和广东省政府唯一指定的碳排放配额有偿发放及交易平台。截至 2019 年 3 月末，广碳所碳排放配额累计成交量突破 1 亿吨，累计成交金额逾 20 亿元，两项指标均居全国区域碳市场首位。中共中央、国务院印发的《粤港澳大湾区发展规划纲要》提到"大力发展特色金融产业"，对广州期货交易所的设想提出了"支持"的表态，明确表示支持广州建设绿色金融改革创新试验区，研究设立以碳排放为首个品种的创新型期货交易所。这为广州未来的期货交易所提出了一个全新的方向，使其可以跟全国其他期货交易所错位发展。目前，在全国经济圈中，国内期货交易所布局三地，上海云集中金所、上期所和上期能源三家期货交易所，大连、郑州各有一家商品交易所，粤港澳大湾区明显全面"缺位"，这也使华南的一些生产企业在市场中处于被动状态。

碳期货与碳现货相对，是在碳排放权中远期现货交易的基础上发展起来的，碳期货交易的主要目的并不在于碳排放权的交割，而是在于转移价格风险或赚取风险利润。购买者通过在碳期货市场进行与碳现货市场相反的买卖操作来达到套期保值的目的，锁定碳融资收益。中国七个碳交易试点暂时没有碳期货产品。碳金融在国外发展比较成熟，很多与碳相关的金融产品被衍生出来，如法国兴业银行等金融机构设立了专项碳基金；荷兰银行等金融机构从事碳交易中介业务，提供融资担保、购碳代理、碳交易咨询等服务；还有一些金融机构推出碳排放权期权、期货及掉期等一系列金融衍生工具，为那些做套期保值的企业提供避风港。欧盟碳市场在2005年运行伊始便开展了EUA、CER和ERU的期货、远期、期权、掉期交易，碳期货交易尤为活跃。广州应该借鉴国外的经验，研究发展与碳排放权相关的期货品种，利用市场机制探索应对环境的治理。

7.6.4 深圳绿色金融产品设计

据统计，截至2018年，深圳1.12万家国家级高新技术企业中80%以上是中小企业，其中民营为主体，绿色金融产品设计如下：

（1）中小企业绿色集合债。中小企业绿色集合债券是通过牵头人组织，以多个中小企业所构成的集合为发债主体，若干个中小企业各自确定债券发行额度，使用统一的债券名称，形成一个总发行额度而向投资人发行的约定到期还本付息的一种企业债券形式，企业募集所得资金主要用于绿色产业或企业自身的改造升级等项目。

绿色集合债可以拓展中小企业直接融资渠道、改善企业的财务结构、降低融资成本，有利于企业规范运作、树立良好的信用形象，还可以为健全国家和地方融资体系提供新思路。但要增加担保增信措施，将中小企业绿色集合债纳入深圳市集合发债再担保范围，减少此类债券实质性违约的发生。

（2）绿色资产证券化。绿色资产证券化是以绿色项目及相关的资产未来所产生的稳定现金流收益为基础资产，将通过资产证券化募集的资金重新投向绿色资产或项目。资产证券化起源于美国，是自20世纪70年代以来在全球金融行业内发展最为迅速的一种金融创新工具，现已成为美国资本市场中最重要的融资工具之一。2014年，兴业银行发行国内首单绿色信贷支持证券，募集金额接近35

亿元。绿色资产证券按其基础资产可分为两类,一是基础资产为信贷资产或者其他资产,但是募集所得资金投向绿色项目;二是基础资产为绿色产业及项目,募集所得资金也投向绿色项目。2016年5月,证监会发布的《资产证券化监管问答(一)》,明确提出鼓励绿色环保项目通过资产证券化方式融资发展,我国绿色资产证券化迎来了良好的发展机遇。根据Wind统计数据,2015年6月~2016年12月,我国一共发行了11种基础资产为基础设施收费权的绿色资产证券。可以看出,在可预见的未来,绿色资产证券化的方式在很大程度上为绿色产业及项目拓宽了融资渠道,促进绿色发展迈出了一大步。

中小企业就其资产可向金融机构融通资金。这可降低融资门槛,有利于环保行业中小企业融资;使融资模式更便利,让市场容易接受;也有助于提高绿色产业投资的有效性和精准性。

由于绿色资产证券化项目期限较长、收益较低,为推动其快速发展,建议设置针对绿色资产证券化的配套扶持政策:建议各地政府对重点项目给予财政补贴,以财政贴息的方式支持绿色资产证券化产品的发行;建议对国内机构投资者购买所获得的利息收入,减免企业所得税和资本利得税,使其发行价格低于其他债券的发行价格,在投资者购买绿色资产证券化产品时,可在资产占有、风险资本占有的时候给予一定的优惠,加强投资者宣传工作,引导和培育绿色投资理念。

为了加强投资者识别风险的能力,监管部门应完善发行人信息披露指引。对于绿色资产证券化产品,发行人须确保与资源利用有关的风险和环境合规(污染控制、废物管理等)方面的信息得到充分披露。

(3)绿色保险。绿色保险又称生态保险,是在适应绿色发展过程中为支持环境改善、应对气候变化和资源节约高效利用,对环保、节能、清洁能源、绿色交通、绿色建筑等提供的一种保险制度安排和长期支持机制。2018年深圳市推出全国首个保障公共场所环境安全的绿色保险产品,它专门针对公共场所室内污染设计,适用学校、公租房、安居房、长租公寓等公共场所。保险人运用事前、事中、事后全流程风险管控,提供施工时污染物评估、完工后污染物检测、出险后污染物治理等全流程服务,控制建筑装饰过程中污染物(甲醛、苯、TVOC、氨等)的排放量,并对因建筑物内空气污染引起的人身伤亡和财产损失进行赔付。同时，福田区也出台了专项保险支持政策，对此类责任险项目，给予最高100万元的补贴支持。

建议深圳稳步推进涉及危险化学品、危险废物、铅蓄电池和再生铅等高环境风险行业的环境污染强制责任保险。鼓励保险机构持续推进环境污染责任险、大型环保及资源综合利用装备保险、绿色产业产品质量责任险、船舶污染损害责任保险及其他类型的创新型责任险等绿色保险。进一步优化巨灾保险制度，完善应对自然灾害风险和重大事故风险的巨灾保障体系，探索建立巨灾保险共保体。

7.6.5　佛山绿色金融产品设计

将佛山打造成粤港澳大湾区的节能产业绿色金融支持示范基地，绿色金融产品设计如下：

成立佛山绿色产业基金：产业基金采取园区牵头、相关产业自筹的模式，建立基金运作委员会，实行政府指导、委员会主导、公司营运、市场化运作，形成可复制的发展模式。基金的主要投资方向包括企业基础设施建设、生态型产业公共服务平台建设、以产业金融为发展方向的中小企业、对入园企业进行股权投资。

7.6.6　东莞绿色金融产品设计

对于以制造业为主导产业的东莞市，要提高城市综合竞争力，实现可持续发展，打造具有最适合居住、最适合创业的国际"绿色"制造业名城特色的现代中心城市，绿色产品设计如下：

（1）"互联网+"绿色融资。在搭建"互联网+"绿色融资对接平台上先行先试，提高绿色企业融资的可得性和便利性。依托广东省中小微企业信用信息和融资对接平台，运用"互联网+大数据"模式，实现绿色企业的信用信息查询、信用评级、网上申贷以及融资供需信息发布、撮合跟进。进一步加强与地方政府、相关企业的沟通协作，积极开展金融与环保对接，加大对环境友好企业的信贷和债券融资支持，推进环保与金融结合。

（2）绿色融资租赁。融资租赁最早起源于英美国家，随后在经济快速发展、提倡环境保护的国家迅速发展，它突破了传统租赁只取得使用价值的局限性，在引进融资的同时进一步丰富了融物的内涵。对于某种企业急需的设备，受制于昂贵的设备价格和企业紧张的现金流，融资租赁是比较有效的解决方法。融资租赁在中国的崛起势不可挡，同时生态环境保护是国家发展的重要战略之一，绿色融资租赁便应运而生。当前环保领域需要大量的资金投入，据央行测算，2015～2020年，每年的绿色投资需求将达到2.9万亿元人民币，其中需要绿色金融提供租赁支持的约为2万亿，这为绿色租赁市场带来了巨大动力。对东莞制造业来说，融资租赁不仅能够缓解企业缺乏资金的问题，还可以通过对落后产能的淘汰和市场竞争加快产业技术革命进程，催生新技术革命对融资租赁的新需求。2019年，广州市南沙区正式启动国内首个绿色融资租赁线上平台——"绿色银赁通"，该平台是一个专注绿色融资租赁资产综合服务的线上信息平台。打开绿色融资租赁金融服务快速通道，通过资金引导作用，为大湾区绿色发展提供更坚实的支撑，促进更多的绿色产业、绿色金融、绿色科技汇聚南沙。东莞可以借鉴广州的发展模式，成立线上的融资租赁平台，重点支持循环经济、新能源、绿色农业、节能环保领域的中小微企业设备租赁业务。支持企业通过采购新设备融资、现有设备融资、直接租赁、售后回租、项目租赁等方式，实现设备升级换代及企业融资的目的。

7.6.7 珠海绿色金融产品设计

在2016年暑期座谈会上，中共珠海市委员会提出了大力发展绿色金融产业的观点，认为绿色金融是新常态下发展绿色经济的本质要求，是调整产业结构、撬动经济增长的新支点，需要准确把握绿色发展理念的精髓，才能把绿色金融打造成绿色发展的新引擎。加上珠海市和澳门特区的地理交流优势，在珠海市推出《珠海市排污权有偿使用和交易试点管理办法（试行）》的背景下，珠海市发展绿色金融相比于其他城市更有优势。绿色金融产品设计如下：

（1）智能电网基金。该基金由政府牵头，南方电网主导，再吸引一些国内外企业和法人出资。一部分资金用于建设智能电网产业园，一部分资金用于珠海电力能源五大领域的建设，产业园利用分布式能源、太阳能、光能、风能等清洁能源发电，同时吸引国内外先进清洁能源利用企业入驻。

（2）石油化工排污权抵押贷款。石油化工是一个高污染高排放的行业，将石油化工企业的排污权作为贷款抵押的一部分,排污少的企业可以将少排放的污染物作为"资产"进行抵押或者可以获得较低的贷款利率,这样不仅解决了部分石油化工企业无法贷款或者贷款利率较高的问题,还减少了污染物的排放。相反地,若石油化工企业排放的污染物超过设定的范围,将提高企业的贷款利率甚至是无法获得贷款。

(3)家电电气绿色金融债。珠海市家电电气企业按照债券发行程序,获得债券发行的资格,将融资所得资金用于节约型、清洁型产品的研发和生产,降低家电电气企业的融资成本。以格力电器为例,在格力电器获得融资资金后,将资金用于降低空调能耗和清洁气体的技术的研究,有研究成果后将剩余资金用于产品生产。

7.6.8 中山绿色金融产品设计

随着党的十八届五中全会提出"创新、协调、绿色、开放、共享"的发展理念,"绿色发展"成为"十三五"时期经济发展的主基调。中山市金融工作局《2018年中山市金融业运行情况》中提出,积极推进绿色金融发展,提升绿色金融服务水平。培育发展绿色金融组织体系,鼓励银行机构形成绿色信贷服务体系。引导银行在风险可控的前提下,合理有效配置信贷资源,优先选择低碳经济、循环经济、节能减排等绿色经济产业,不断提高绿色信贷业务占比,促进节能绿色经济发展。绿色金融产品设计如下:

(1)绿色房地产金融债券。政府积极推动和鼓励利用绿色金融工具在绿色地产项目进行融资试点。资金主要用于绿色建筑发展以及低碳基础设施建设和碳管理平台建设项目。在建筑材料、施工工艺、运营管理以及室内环境治理层面,让建筑企业能采用节能、经济、环保和资源高效利用的方式,在全生命周期里降低建筑对环境的影响,提高建筑的经济效益和环境友好性。

(2)空中巴士新车净化健康车居解决方案基金。由政府牵头,同时吸引国内外企业和金融机构参与投资空中巴士新车净化健康车居解决方案。将资金主要用于技术的研发、项目的扩展以及成品的生产等。同时建议银行对此项目开通"绿色通道"以解决项目融资难的问题。空中巴士新车净化健康车居解决方案是中山市2006年国家火炬计划项目、国内唯一坚持10年研发生产的"新车排毒净味解决方案"。项目涵盖了环保绿色产品,采用国际先进中草药植物技术,对车内的真皮、塑胶等深度渗透、吸附、分解,将有害气体排出车外,能有效净化各种车内异味,同时添加负离子活氧素,释放森林般负离子,补充人体呼吸所需负离子,提神醒脑,增强免疫力。

7.6.9 惠州绿色金融产品设计

惠州有电子信息、石油化工两大支柱产业,同时惠州的生态资源丰富,自然景观优美,环境保护较好。绿色金融产品设计如下:

(1) 绿色信贷支持产业。2012年银监会对发展绿色信贷的内涵进行了明确,金融机构通过加大对绿色、低碳、循环经济的支持,注重社会责任,不断改变自身发展模式,促进转型升级。2013年银监会出台了《绿色信贷统计制度》,支持绿色信贷投向绿色农业开发等12类环保项目。统计数据显示,截至2017年底,各类绿色融资总余额近9万亿元,其中绿色信贷占比超过95%,成为推动生态文明建设和绿色发展转型的主力军。绿色信贷是我国金融体系中发展最早、规模最大、最为完善的绿色金融产品,未来在绿色融资服务中将成为不可或缺的主力军。

积极建立完善的信息共享平台,环保部门与金融部门通过信息共享,克服信息不对称对金融机构发展绿色信贷的制约;同时有利于建立绿色信贷增信机制,通过贴息、担保、再贷款等,帮助绿色项目扩大融资规模、降低融资成本。信息共享平台建设应当从以下三个方面着手:一是政策法规信息,包括环保相关的法律、法规、标准、环境经济政策以及减排进展、区域限批、行业准入等情况。二是企业环保信息,包括企业环境评优信息、环境违法处罚信息、环境行为信用等级评价结果、环评审批、"三同时"验收、清洁生产、减排任务完成情况等信息。三是绿色产业纳入项目库,根据绿色评级体系,将优质绿色产业纳入项目数据库予以信贷支持。

(2) 设立美丽乡村担保基金。在美丽乡村建设过程中,资金问题始终是无法回避的问题,加大社会资本在乡村建设中发挥的作用,建议由市县两级政府共同成立担保基金。按照相关规定成立专门的美丽乡村担保公司对担保基金实行专户管理,单独核算,专项用于乡村基础设施建设或为重点环境项目提供担保服务。除了政府出资之外，鼓励企业本着自愿原则出资一定比例参与担保基金，不断扩大担保基金规模，促进银行等金融机构加大信贷投入。

7.6.10　江门绿色金融产品设计

江门市扎实推进节约资源和保护环境这两项基本的国家政策，把节能降耗和发展循环经济作为推动江门市产业绿色发展的重要抓手，做出了"江门贡献"。积极落实绿色信贷、绿色证券和环境污染责任保险等制度，将企业环境违规违法信息纳入银行征信系统，严格限制环境违法企业获得金融贷款。同时，努力推进自然资源价格杠杆作用，引导企业绿色生产，引导社会群众树立绿色消费观念。绿色金融产品设计如下：

（1）对新材料新能源及装备进行财政支持。根据江门市近几年发展规划，江门市新时期将重点打造五大新兴产业，打造新材料新能源及装备工业群。在政府财政的支持下，以新材料新能源及装备工业群为发展方向，引进、推广先进装备，研发先进技术，推进新能源、新材料一体化发展，联合打造重卡和商用车产业、大健康工业集群、轨道交通等新兴产业的上游加工基地。

（2）轨道交通绿色责任保险。在轨道交通的施工中，经常会发生意外事故，承包方往往会购买责任险弥补自身的损失。保险公司可以推出一款轨道交通绿色责任保险，若在轨道交通建设中使用清洁材料，可以按照使用比例相应地减少保费。

7.6.11　肇庆绿色金融产品设计

肇庆具有丰富的生态资源，处于大湾区绿水青山示范区内，符合国家"绿水青山就是金山银山"的发展理念。绿色金融产品设计如下：

通过安排财政资金，与银行等金融机构合作，设立特色产业小镇发展基金，专项用于特色产业小镇产业培育发展、基础设施和公共服务设施建设等。在绿色金融产品设计上，可以参照"绿色基金+特色小镇"的模式，由政府出资设立引导基金，撬动社会资本的投入，带动社会资本、金融机构参与投资特色小镇，推动经济加快发展。

7.7 本章小结

粤港澳大湾区开展绿色金融合作，需要建立健全绿色金融法规政策体系和绿色金融组织机构体系，促进市场要素自由流动，积极推动绿色金融跨区域合作，鼓励绿色金融产品与服务创新，从而为绿色金融合作的效果提供切实保障。

第 8 章　结论

优质的生态环境是支撑经济社会可持续发展的先决条件，也是最公平的公共产品和最普惠的民生福祉。加快推进生态文明建设是粤港澳大湾区发展建设的必由之路。但是，当前我国经济社会发展正迈入新常态，经济、社会、环境酝酿转折性调整，尤其在以粤港澳大湾区为代表的沿海地区，向知识经济、现代化阶段迈进的资源环境约束明显加剧。在生态文明建设的新形势下，粤港澳大湾区建设不能再走"先污染，再治理"的老路，而应该在顶层设计阶段就以绿色发展作为主线，走可持续发展的道路。实体经济的可持续发展离不开金融的支撑作用，绿色产业的可持续发展也必须有绿色金融的强力支撑。绿色金融是绿色发展的重要抓手，绿色发展离不开绿色金融。因此，如何推动粤港澳大湾区的绿色金融合作，从而促进整个粤港澳大湾区的经济、社会、环境协同发展和生态文明建设，非常值得深入研究。

本书系统梳理了国内外典型湾区的发展路径，以促进经济与环境保护协调发展为着重点，研究国际典型湾区的绿色金融实施经验，分析国内典型湾区绿色金融实施的有效举措及面临的共同挑战，结合现场调研结果与国内外绿色金融基础及实践经验的对比分析，思考推进粤港澳大湾区绿色金融合作的新思路、新模式，针对粤港澳大湾区的现状与特点提出粤港澳大湾区绿色金融合作方案，统筹谋划粤港澳大湾区绿色金融工作的战略重点，研究如何以绿色金融为抓手，更好地引导和服务粤港澳大湾区经济社会协调可持续发展。本书的主要研究结论如下：

（1）粤港澳大湾区绿色金融合作的必要性分析：绿色金融合作是推动大湾区可持续发展的重要支撑，是大湾区产业结构转型升级和引领绿色金融国际标准的内在要求，是确保大湾区深度参与"一带一路"建设的助推器，为推动大湾区互联互通提供必要的资金和技术支持。

（2）粤港澳大湾区绿色金融合作的艰巨性分析：大湾区绿色金融合作存在诸多体制机制障碍，不同体制下资本要素、人才要素存在流通不畅问题，绿色金融合作存在配套不完善、标准缺失等问题，区内各城市之间竞争加剧制约了合作的有效开展。

（3）粤港澳大湾区绿色金融合作的可行性分析：大湾区金融市场互联互通创新持续推进，为绿色金融合作创造了基础性和前提性条件；泛珠三角区域合作走上了制度化和规范化轨道，为大湾区绿色金融合作提供了"腹地"；大湾区具有较好的产业基础和创新环境，为绿色金融合作提供了新动力。

（4）粤港澳大湾区绿色金融合作的总体原则：坚持市场主导与政府引导并重原则；坚持优势互补原则；坚持互惠互利原则；坚持先易后难原则。

（5）粤港澳大湾区绿色金融协同发展的合作模式和实施路径基本方针：本书提出我国粤港澳大湾区绿色金融合作模式应当遵循的十六字方针，即"双核驱动，互联互通，优势互补，集聚发展"；并提出绿色金融合作实施途径的十二字方针："区域统筹，政策引导，市场驱动"。

（6）推动粤港澳大湾区绿色金融合作的体制机制配套建议：建立并不断完善大湾区绿色金融发展的区域统筹协调机制；推动大湾区绿色金融机构集聚，创新和提供多样化绿色金融产品和服务；建立覆盖整个大湾区的生态保护红线刚性约束机制；加强绿色金融监管领域的合作与协调；加强大湾区绿色金融领域人力资源的互联互通。

本书的使用去向与预期社会效益为：第一，为粤港澳各地市政府今后的生态文明建设和可持续发展规划提供科学依据，也为证监局、人民银行、金融办等政府部门的相关监管工作提供定性和定量两方面的科学依据。第二，为有意向来粤港澳地区投资的人士提供参考意见，为投资者提供粤港澳大湾区各地市的环境保护水平、环境风险程度、可持续发展潜力等方面的科学参考，帮助其提高投资决策的准确度，降低投资的环境风险。第三，为珠三角制造业城市的经济转型升级提供助力，并为港澳在新形势下的发展提供新思路。通过具体的绿色金融合作项目建议，引导政策支持环境保护绩效好、可持续发展能力强的企业，有助于引导和带动粤港澳各地市各行业转型升级、绿色发展。第四，为粤港澳大湾区绿色金融协同发展提供有效的合作模式与实施路径方面的指导,促进区域绿色金融合作制度的建立与完善,并为全国其他省市的跨区域协调发展制度建设提供参考与指导。

参考文献

［1］Bruno S. Silvestre, Diana Mihaela Tîrcă. Innovations for Sustainable Development: Moving Toward a Sustainable Future ［J］. Journal of Cleaner Production, 2019, 208（3）：325-327.

［2］Lea Fuenfschilling, Niki Frantzeskaki, Lars Coenen. Urban Experimentation & Sustainability Transitions ［J］. European Planning Studies, 2019, 27（2）：219-228.

［3］Harsimran Kaur, Pushplata Garg. Urban Sustainability Assessment Tools: A Review ［J］. Journal of Cleaner Production. 2019, 210（1）：146-148.

［4］Rafael Henao, William Sarache, Iván Gómez. Lean Manufacturing and Sustainable Performance: Trends and Future Challenges ［J］. Journal of Cleaner Production, 2019, 208（2）：99-100.

［5］Hrvoje Mikulĉic, Neven Duic, Holger Schlör, Raf Dewil. Troubleshooting the Problems Arising from Sustainable Development ［J］. Journal of Environmental Management, 2019, 232（4）：52-54.

［6］Dazhao Cheng, Xiaobo Zhou, Zhijun Ding, Yu Wang, Mike Ji. Heterogeneity Aware Workload Management in Distributed Sustainable Datacenters ［J］. IEEE Transactions on Parallel and Distributed Systems, 2019, 30（2）：375-376.

［7］Daniel Kyalo Willy, Milu Muyanga, Thomas Jayne. Can Economic and Environmental Benefits Associated with Agricultural Intensification be Sustained at High Population Densities? A Farm Level Empirical Analysis ［J］. Land Use Policy, 2019, 81（2）：100-103.

［8］Irene Håkansson. Urban Sustainability Experiments in Their Socio-economic Milieux: A Quantitative Approach ［J］. Journal of Cleaner Production, 2019, 209

(3): 515-516.

[9] Juanjuan Qin, Yuhui Zhao, Liangjie Xia. Carbon Emission Reduction with Capital Constraint under Greening Financing and Cost Sharing Contract [J]. International Journal of Environmental Research and Public Health, 2018, 15 (4): 750-751.

[10] Huan Peng, Ting Feng, Chaobo Zhou. International Experiences in the Development of Green Finance [J]. American Journal of Industrial and Business Management, 2018, 08 (2): 332-335.

[11] Anca-Maria Moscovici, Cosmin Constantin Musat. Particularities of Expropriation Works for Highways and Regional Planning in Romania [J]. IOP Conference Series: Materials Science and Engineering, 2017, 245 (8): 556-557.

[12] 祁毓,陈建伟,李万新等. 生态环境治理、经济发展与公共服务供给——来自国家重点生态功能区及其转移支付的准实验证据 [J]. 管理世界, 2019, 35 (1): 115-134.

[13] 邵帅,张可,豆建民. 经济集聚的节能减排效应: 理论与中国经验 [J]. 管理世界, 2019, 35 (1): 36-60.

[14] 薄凡,庄贵阳,禹湘. 气候变化经济学研究前沿与教材体系建设——第二届气候变化经济学学术研讨会综述 [J]. 经济研究, 2018, 53 (11): 204-207.

[15] 李虹,邹庆. 环境规制、资源禀赋与城市产业转型研究——基于资源型城市与非资源型城市的对比分析 [J]. 经济研究, 2018, 53 (11): 182-198.

[16] 易明,李纲,彭甲超等. 长江经济带绿色全要素生产率的时空分异特征研究 [J]. 管理世界, 2018, 34 (11): 178-179.

[17] 李锐. 东北地区绿色金融发展战略研究 [J]. 经济研究导刊, 2018 (24): 80-81.

[18] 沈立,王海波,刘笑男. 中国城市崛起与城市经济学新发展——首届中国城市经济学者论坛综述 [J]. 经济研究, 2018, 53 (7): 203-207.

[19] 徐忠. 新时代背景下中国金融体系与国家治理体系现代化 [J]. 经济

研究，2018，53（7）：4-20.

[20] 刘贯春，张军，丰超. 金融体制改革与经济效率提升——来自省级面板数据的经验分析 [J]. 管理世界，2017（6）：9-22.

[21] 王扬雷，杜莉. 我国碳金融交易市场的有效性研究——基于北京碳交易市场的分形理论分析 [J]. 管理世界，2015（12）：174-175.

[22] 杜莉，张云，王凤奎. 开发性金融在碳金融体系建构中的引致机制 [J]. 中国社会科学，2013（4）：103-119.

[23] 陈智莲，高辉，张志勇. 绿色金融发展与区域产业结构优化升级——以西部地区为例 [J]. 西南金融，2018（11）：70-76.

[24] 梁海，冼美玲，区永纯. 打造两广省际绿色金融示范区路径探析——以粤桂合作特别试验区为视角 [J]. 区域金融研究，2018（10）：48-53.

[25] 周五七，朱亚男. 金融发展对绿色全要素生产率增长的影响研究——以长江经济带11省（市）为例 [J]. 宏观质量研究，2018，6（3）：74-89.

后　记

在本书完成之际，首先要衷心感谢我的博士后合作导师、中国社会科学院工业经济研究所黄群慧研究员的悉心指导和帮助，还要感谢包商银行博士后科研工作站、中央财经大学绿色金融研究院、广西财经学院以及吉林省金融控股集团有关领导的大力支持。导师在学业上对我严格要求，使我能够一丝不苟地进行系统学习和研究，从而使我的科研能力和学术水平都得到了明显的提高。他渊博的学识、科学的思维方式和严谨的治学态度为我树立了榜样，是我终生学习的楷模。

书中引用了大量参考文献和有关网站的内容，在此对这些文献的作者一并表示真诚的感谢。

在书稿编纂过程中，我的学生陈玉婷、唐梅艳、姚登程、莫丽茵、黎丹丹、苏晓英、李焕达、符志梅、陈锡城等认真细致地进行了资料查找、排版等工作，给予了我充分的支持，在此对他们也表示感谢。